Constant Nemale

MICHAEL JORDAN

LE LIVRE D'OR

Préface de
RICHARD DACOURY

SOLAR

Si vous souhaitez recevoir notre catalogue
et être tenu au courant de nos publications,
envoyez-nous vos nom et adresse, en citant ce livre
et en précisant les domaines qui vous intéressent.

Éditions SOLAR
12, avenue d'Italie
75013 PARIS
Internet : www.solar.tm.fr

ISBN 2-263-02806-4
Code éditeur : S02806

SOMMAIRE

Le plus grand basketteur du siècle.

LA DERNIÈRE SÉANCE

par Michael Jordan

« Bien, nous allons procéder pour la seconde fois à cette cérémonie. Je disais tout à l'heure à ma femme, avant de commencer, que je me sentais comme un jeune homme qui allait se marier. Je veux retrouver une vie normale, comme vous.

« Sincèrement, je pense qu'il y a des choses beaucoup plus importantes qui se passent dans le monde. J'ai besoin de prendre un peu de mon temps pour me consacrer à ma famille... Ma responsabilité a été de jouer au basket et d'apporter un peu de joie à tous ceux qui bossent très dur tous les jours pour gagner leur vie. J'ai donné le meilleur de moi-même, de mes qualités et de mon potentiel.

« Je suis venu aujourd'hui vous dire que je me retirais du basket. Il n'y aura aucune annonce semblable pour le base-ball ou un autre sport. Pour prendre une décision, chacun a ses raisons. Je ne me sentais plus la force mentale de continuer.

« Je voudrais dire merci à deux personnes ici présentes, David Stern [le boss de la NBA] et Jerry Reinsdorf [le proprio des Bulls] de m'avoir donné l'opportunité de jouer au basket à ce niveau, de le faire à Chicago, d'y rencontrer ma charmante femme et d'y fonder ma famille. Je voudrais dire merci à toute ma famille de Caroline du Nord, à tous mes amis qui sont venus ici aujourd'hui m'apporter leur soutien comme ils l'ont toujours fait par le passé, depuis que j'ai commencé ma carrière de basketteur et même quand je n'étais pas sur un parquet.

« Je voudrais dire merci à tous les fans des Chicago Bulls qui m'ont adopté comme un des leurs. En retour, j'ai toujours essayé de leur donner ma réponse sur le terrain, j'ai essayé de changer l'image de gangstérisme qui collait à la ville de Chicago depuis des années.

« Je pense que mes coéquipiers, le staff des Bulls et moi avons réussi dans notre mission, et désormais cette ville sera reconnue partout comme la Championship City, la cité des champions.

« Je pense que cela continuera, même si je ne porte plus l'uniforme de l'équipe. Je suis pour toujours un fidèle supporter des Chicago Bulls. Je pense que le jeu en lui-même est plus important que le seul Michael Jordan. Certains de ceux qui m'ont précédé m'ont donné l'opportunité d'être ce que je suis aujourd'hui. Parmi eux Kareem Abdul Jabbar, Dr J, Elgin Baylor, Jerry West. Ces stars ont joué alors que je n'étais pas encore né. Je suis venu quand ils avaient déjà créé toute cette passion....

« J'ai donné le meilleur de moi-même, de mon jeu. J'ai toujours voulu sublimer le jeu en lui-même. J'ai essayé d'être le meilleur basketteur possible. Et tout cela à travers la NBA. C'est un business, mais ça reste toujours fun. C'est un jeu qui va toujours prospérer.

« Une nouvelle fois je veux vous dire à quel point je me suis éclaté. Il est temps pour moi de prendre une autre voie. Beaucoup de gens se disent qu'à part le basket je n'ai plus aucun défi à relever. Je ne suis pas d'accord. Être un père de famille est un sacré challenge. Ceux qui ont des enfants le savent. C'est mon nouveau pari et je suis impatient de le tenter. Si mes enfants ont envie de devenir des basketteurs, je ne manquerai pas de les encourager. S'ils choisissent autre chose, ma femme Juanita et moi serons toujours leurs supporters. Nous ferons tout pour leur donner une bonne éducation. C'est le challenge que j'ai désormais en face de moi.

« Ma mère, ma famille, mon frère et mes sœurs n'ont pu venir aujourd'hui. Mais, je vous rassure, à travers moi vous les voyez. Mon père, ma mère et sans aucun doute mon frangin et mes frangines, vous remercient pour tout ce que vous avez fait, pour tout le respect que vous avez su me donner durant toutes ces années.

« J'ai passé toute ma carrière à Chicago et j'y serai pour le restant de ma vie. Ma femme n'acceptera jamais qu'on aille s'installer ailleurs. Je resterai à Chicago. Voilà tout ce que je voulais vous dire aujourd'hui.

« En fait, au début, je voulais juste vous dire : "Je m'en vais", mais je vous devais un peu plus que cela. Merci. »

Conférence de presse, mercredi 13 janvier 1999,
United Center de Chicago.

1997, à Paris, au McDonald's, Jordan décontracté et heureux.

MJ, pour l'éternité

par

Richard Dacoury

Été 1984, Los Angeles, *a star is born*. Nous, Français, comme bien d'autres équipes d'ailleurs (ça console), avons été éblouis par son éclat. En d'autres termes, on s'était laissé écrabouiller par les USA, dont la star naissante était Michael Jordan, MJ. Le match s'était résumé en une succession d'exploits techniques et physiques, dont MJ n'était pas le dernier à faire étalage. On était surclassés, totalement impuissants, mais déjà sous le charme. MJ était tout simplement plus rapide, plus élégant que tout ce que nous avions jamais vu. Mais de là à prévoir ce qu'il deviendrait...

22 août 1985, c'était encore bien avant que tous les superlatifs pour le décrire ne soient épuisés. Bien avant que le moindre de ses déplacements ne déclenche des émeutes, bien avant qu'il ne symbolise à lui tout seul le basket. Ça se passait dans la petite salle de l'ACBB à Boulogne, remplie d'une centaine d'initiés qui n'imaginaient pas une seule seconde l'approcher au point de le toucher, voire échanger quelques mots (c'était possible à l'époque) avec la future icône du basket mondial.

De cette partie en elle-même, il n'y a pas grand-chose à dire, si ce n'est le plaisir que j'ai ressenti à évoluer à ses côtés. En fait, jouer avec MJ était très facile. Il suffisait de lui donner le ballon, il se chargeait, déjà à l'époque, de faire le reste.

En le découvrant de si près, j'ai beaucoup apprécié le personnage. Il était ouvert, disponible et déjà très professionnel. Respectueux de ses engagements et du public, même s'il ne s'agissait que d'une poignée de spectateurs nichés dans un petit gymnase de la banlieue parisienne.

Plus tard, quinze ans plus tard, après notre première rencontre, je le retrouve sur un terrain, à l'occasion du tournoi McDonald's auquel mon club, le PSG-Racing, avait été invité en sa qualité de champion de France en titre aux côtés d'autres champions nationaux comme Barcelone... et les Chicago Bulls ! MJ était devenu le champion connu et reconnu de tous, la « star » planétaire si proche de nous, mais pourtant totalement inaccessible. Sur le terrain, il se montrait un compétiteur hors normes, d'une efficacité et d'une rigueur redoutables. Bref, la référence pour tous les accros du basket et amoureux du sport, tout simplement.

Bercy était plein à craquer. Un public prêt à exploser de plaisir au moindre mouvement de MJ. Lui, il récitait sa partition avec maestria, une aisance dont seul il détient le secret. Arsène, Stéphane, Fred, moi et les autres, par respect et par plaisir, avons essayé de lui opposer le maximum de résistance possible. Juste pour que la fête soit encore plus belle.

Aujourd'hui, il a pris sa retraite. Pourquoi être triste ? C'est son choix, et il faut le respecter. Cette décision a, sans doute, été son match le plus difficile et le plus courageux, mais tellement en accord avec le personnage.

Vous, nous, tous les autres, nous n'aurions pas admis que le mythe soit brisé au travers d'un Jordan vieillissant ou déclinant.

L'avenir lui appartient. Il en fera, j'en suis sûr, bon usage. Quant à moi, je veux juste lui dire, sincèrement et simplement : *Thank you, Michael...*

23

Six finales NBA,
six victoires,
six titres de MVP,
fabuleux MJ !

16 avril 1996, historique ! Jordan smashe pour les Bulls :
70 victoires en une saison !

Explosion imminente :
Jordan a fait du dunk un art unique.

« Quand j'ai le ballon entre les mains, je fais ce que je veux de la défense. »

BULLS
45
WORKMAN
3

Phil Jackson et Scottie Pippen, associés incontournables du règne de MJ.

A gauche.
Après dix-sept mois d'absence, Jordan (nº 45) de retour contre Indiana.

Sa première paire de baskets Nike.

Sa première visite à Paris.

DE L'ORDINAIRE A L'EXTRAORDINAIRE !

par

Constant Nemale

Ma première rencontre avec Mike, je m'en souviens encore comme si c'était hier. Les années sont passées, le souvenir est un poids enfoui au fond de ma mémoire, en lieu sûr, tel un talisman protecteur. Je suis pigiste à *La Nouvelle République de Tours*, étudiant en urbanisme. Un jour la nouvelle tombe. Comme une blague. Michael Jordan vient en France. Je ne peux pas louper cet événement.

J'assomme Nike de coups de fil. A force de briser les barrages, je tombe sur Luc Leurent (t'as le bonjour des Terriens, vieux...), il me confirme la nouvelle et m'abreuve de documentations sur Mike. Jordan sera à Paris. A la salle Géo-André. Le samedi 1er septembre 1990. Il sera jury d'un concours de smashes et jouera une mi-temps du match opposant Tours à Bayreuth, dans chacune des équipes. Norbert Bohumel (Bohu !), un des trois piliers du service des sports – avec Jean-Éric Zabrodwski (alias Jez) et Gérard Mathieu (Gégé) –, a du mal à contenir mon enthousiasme. Jordan à Paris, d'accord. Mais en plus contre Tours. Dans *La Nouvelle République*, un mois avant l'événement, je m'acharne à glorifier le « dieu du basket ». Je suggère, dans les colonnes du journal, d'organiser un voyage en car. Le standard saute. Quatre cars seront nécessaires.

Niché à Paris entre le Parc des Princes et le stade Pierre-de-Coubertin, le stade Géo-André, dans la rue du Commandant-Guilbaud, n'a jamais connu une telle effervescence. La France multicolore est née. Noir, blanc, jaune, chacun est uni dans le même effort démentiel. Pénétrer dans l'antre pour voir Jordan. Quand la salle se remplit, le double de l'assistance est encore... dehors ! Jordan arrive à bord d'une Renault Espace, rentre par une porte dérobée, entouré de deux gardes du corps.

La salle est une cocotte-minute. Le tableau de marque a disjoncté depuis belle lurette. Jordan joue. Avant de s'éclipser discrètement. Question de survie : il préfère fausser compagnie à tous. On le comprend. Phénomène sidérant, la salle se vide.

Les spectateurs se ruent dans la rue, histoire de l'apercevoir une dernière fois. La conférence de presse prévue est annulée et reportée au lundi. Hôtel Concorde. Au 33e étage. Dispo, relax, dans un ensemble jean, Jordan se livre. Très pro. Il aime Paris : « Je peux encore me balader incognito dans les rues. » Plus pour longtemps. Quarante-cinq minutes plus tard, tout est terminé.

Je me dirige vers lui. J'ai une dernière question. Au malabar qui le presse, il fait signe de patienter : « Mike, y a-t-il un sujet qu'on aborde rarement avec toi et dont tu aimerais parler ? » Il me regarde. Marque un temps de réflexion. Sourit et me dit : « L'Afrique. Je sais que là-bas il y a des mômes qui n'ont rien à se mettre sous la dent, mais qui sont mes fans. Je souhaite m'y rendre un jour, jouer là-bas dans un but humanitaire, mais je pense que ce sera à la fin de ma carrière. » Je lui dis que je serais heureux de lui faire découvrir ce continent dont je suis originaire. La conversation se prolonge. Quelques minutes de plus. On ne se quittera plus. J'ignore à cet instant que je vais devenir l'un des multiples chroniqueurs permanents de la « Jordanmania ».

Quelques mois plus tard, en avril 1991, se lance le magazine *Mondial Basket*. Je m'embarque pour cette aventure, rythmée par la magie et les exploits de Jordan. De Monaco en 1992 avec la Dream Team à New York au All Star Game 1998, en de multiples occasions, je suis témoin, aux premières loges, d'un engouement qui dépasse les frontières, brise tous les clivages et transforme un basketteur ordinaire en une légende extraordinaire.

Au moment de trier dans le flot de souvenirs, j'ai choisi de vous embarquer au cœur de cette vie « jordannesque », avec l'enthousiaste complicité d'une « Dream Team » de la plume. C'est le plus bel hommage que je pouvais te rendre, Mike.

Jordan a toujours fasciné par son aisance gestuelle.

BULLS
23
JAZZ
00
BULLS

LE POUVOIR DU JEU

« De mes six finales,
la dernière contre Utah a été la plus difficile.
J'étais réellement fatigué et heureux ! »

Dimanche 14 juin 1998. Michael Jordan est seul. Réfugié sur un sommet que la grâce de son geste magnifie. Sur son crâne luisant, les faisceaux des projecteurs ricochent et lui tissent une couronne céleste. Le chrono égrène les dernières secondes d'une empoignade au suspense démentiel. La pureté de son shoot, dans l'axe du panier, dessine les contours d'un royaume façonné en treize ans de règne. Jordan est le roi des airs.

Nous sommes en pleine finale NBA. Match 6. Chicago Bulls-Utah Jazz. Delta Center de Salt Lake City. Une fraction de secondes plus tôt, un dribble ravageur a coulé Bryon Russell, dernier défenseur à s'accrocher à ses basques avant l'inévitable exécution. 19 000 paires d'yeux dépités du Delta Center et 65 millions d'Américains médusés ne manquent rien de ce ballet endiablé. Magie de l'instantané. Tout va vite, mais ils le vivent au ralenti. Le ballon caressé par les doigts précieux du « 23 », alors qu'il ne reste que 6,6 secondes à jouer, transperce avec une douceur exquise les mailles d'un filet avide de cette offrande suprême. 87-86. Victoire des Bulls. Sixième sacre de Jordan.

A cet instant, le match m'appartient, plus rien ne compte pour moi.

Au cours de cette partie inoubliable, la dernière minute prodigieuse est tout simplement le symbole d'une carrière emblématique. Un moment jordanesque. Récit. John Stockton, d'un panier à trois points, à 42 secondes de la fin de la partie, vient de donner une avance décisive aux Jazz (86-83). Cinq secondes plus tard, sur la remise en jeu des Bulls, Jordan, d'un lay-up éclair, fissure la cuirasse des mormons. Son empreinte sur le destin final est ainsi posée. Alors que les Jazz maîtrisent encore les opérations, c'est de nouveau Jordan, d'un geste félin, qui subtilise le ballon dans les bras musclés d'un Karl Malone piégé. Il reste 18,9 secondes à jouer. Une éternité pour Mike. Un calvaire pour les Jazz. « A cet instant, le match m'appartient, plus rien ne compte pour moi. J'ai l'impression que tout bouge au ralenti, je suis le maître du parquet, je devine les intentions de la défense. Je vois Russell devenir ma proie », dira-t-il, avec les crocs d'un squale racontant son dernier festin.

Michael a toujours su desserrer les étaux des défenses et étouffer la créativité des attaquants pour arriver à ses fins. Ce

Le dernier tir de sa carrière, sur le parquet des Jazz. Au bout, le sixième sacre !

Arnell-West, Inc.
SHARP
23
06.9

flair, aiguisé par une rage tenace de prouver qu'il est et restera le meilleur de tous, l'a toujours sublimé. « Ce finish est le meilleur scénario. Jordan est devenu un héros vivant », affirme Phil Jackson, coach-gourou aiguiseur des sens du fauve des parquets. Ce second triplé, sixième titre en huit ans, a été le plus difficile à obtenir.

Pour la seconde fois en playoffs, sous l'ère Jordan, les Bulls ont été poussés au septième match dans une série par les Indiana Pacers, lors de la finale de la conférence Est. Symbole du destin, comme en 1993, face aux Suns de Phoenix, Chicago commence les NBA Finals sans avoir l'avantage du terrain. Une broutille. Mike n'hésitera pas à confier que ses trois derniers titres occupent une place spéciale dans son cœur.

Éliminé des playoffs 1995 par les Magic d'Orlando, Jordan prendra sa revanche en 1996.

Torpillé en six matches par les Magic d'Orlando.

Tout a recommencé par un retour surprenant sur les parquets. Lors de son come-back en 1995, les 17 matches de saison régulière de Jordan, flanqué du numéro 45, ne seront pas suffisants pour conduire les Bulls au-delà du second tour des playoffs. Torpillé en six matches par les Magic d'Orlando, loin de sa forme optimale, Michael sera le fossoyeur des Bulls. Un rôle pas vraiment taillé pour sa dimension. « L'équipe avait été complètement démantelée et les joueurs n'avaient jamais vécu ce culte de la victoire qui était en nous », argumentera-t-il, avant de faire son mea culpa : « Mentalement je savais ce que je voulais faire, mais physiquement je n'y arrivais pas. »

Été 1995, il s'entraîne comme un dingue, pendant que Jerry Krause s'acharne à reconstruire une véritable machine de guerre. Expédie Will Perdue à San Antonio en échange du truculent tatoué Dennis Rodman, ancien tortionnaire de Chicago, à l'époque des Bad Boys de Detroit. C'est la pièce manquante du puzzle.

Avide de revanche, Chicago aligne les victoires avec un appétit d'ogre. Le 16 avril 1996, au Bradley Center, après une victoire 86-80, contre Milwaukee, les Bulls deviennent la première franchise de l'Histoire à atteindre le cap de 70 matches gagnés dans une saison. 72 victoires en 82 matches. Jordan, malgré sa belle moisson de distinctions individuelles – huitième

Les délires de Rodman font parfois craquer MJ…

GRANT
54
WILKINS
21
91

titre de meilleur marqueur, MVP de la saison et du All Star Game –, n'a qu'une seule obsession : sa bague de juin. Symbole du titre. Miami, New York, Orlando trinquent en playoffs, avant de laisser la place du guillotiné aux Supersonics de Seattle, décapités en six manches par l'impitoyable armada du MPV des Finals, Michael Jordan. « Ce titre, je ne peux le décrire. Il est assez spécial pour moi, surtout que je le remporte le jour de la fête des pères. »

Saison 1996-1997. Enfin, les Bulls se décident à payer Mike à sa véritable valeur : 30 millions de dollars la saison. Le démarrage de la franchise est fulgurant. 12 victoires, pas la moindre défaite. Le finish est pourtant éprouvant. Malgré les 69 victoires, qui élèvent le total des Bulls à 141 victoires sur deux saisons, un record historique, les tensions entre le rondouillard *general*

En finale face à Seattle, Jordan écœure chacun de ses gardes du corps.

Jordan donne une leçon à Kobe Bryant.

SPALDING
NBA

manager, Jerry Krause – rejeté par Jordan et ses coéquipiers –, et Phil Jackson génèrent un climat de guerre larvée, amplifié par les délires et les dérapages incontrôlables de Dennis Rodman.

Washington, Atlanta et Miami se dressent sur la route des NBA Finals, et sont éjectés avec autant d'aisance. Puis viennent les Jazz. Des barbouzes de la castagne enveloppés dans une laine trompeuse. Portés par leur duo fétiche Malone-Stockton, les mormons poussent la série à 2-2. On parle de fin de règne, on pressent les Bulls au bord du précipice avant un cinquième match crucial à Salt Lake City, la ville du MVP de la saison régulière, Karl Malone. Une distinction que Jordan prendra comme une insulte à son talent.

« J'ai réalisé
que j'avais mis ma vie en danger,
tout ça pour un match. »

Intoxiqué par une pizza ingurgitée la veille, fiévreux, longtemps incertain, Jordan se soigne en perfusant la défense des Jazz. 38 points, dont un panier crucial qui donne un avantage définitif aux Bulls (90-88). Saisi dans ce tourbillon héroïque, Jordan, sitôt la partie terminée, restera cloué au vestiaire allongé, durant 45 minutes. « Je m'étais levé à 3 heures du matin. J'ai vomi tout ce que j'avais mangé. Je ne me suis jamais recouché. Sur le trajet du match, je buvais du café pour rester éveillé. Toute la seconde mi-temps, j'ai joué en étant déshydraté. Je pouvais tomber dans les pommes à tout moment. Plus tard, j'ai réalisé que j'avais mis ma vie en danger, tout ça pour un match. » Il poinçonnera le sixième acte de son ticket magique à Chicago : une passe à Steve Kerr pour le shoot victorieux. Un an plus tard, à ce même stade, NBA Finals 98, mêmes adversaires, mêmes effets. Jordan est encore l'option décisive. Pour l'action finale.

Onction suprême d'un superman dont l'incroyable force réside dans son immense pouvoir du jeu.

En playoffs, la détermination de Jordan est totale.

BULLS
23
HEAT
21
HEAT
10

Karl Malone et les Jazz subissent la domination de Jordan.

23

23

LES LARMES DE LA GLOIRE

par
Éric Besnard
Journaliste à Canal+

Dimanche 16 juin 1996. S'il y a une image, une seule, à retenir de la comète Jordan, c'est peut-être celle-ci ! Chicago vient de battre Seattle dans le sixième et dernier match des NBA Finals, quand MJ arrache le ballon des mains de Toni Kukoc et s'écroule sur le plancher, face contre terre. Jordan presse cette balle contre son cœur, l'embrasse, la cajole, la chérit, se recroqueville puis s'immobilise. Instant d'éternité...

A l'antenne, long silence. Je ne sais quoi dire. La peur du vide. Puis l'idiotie de vouloir à tout prix « combler » avec les banalités habituelles : « Quelle image forte ! Le plus grand joueur de l'Histoire ! ». Scories verbales. Propos dénués de tout intérêt. « Si vous n'avez pas une petite larme à l'œil, c'est que vous n'êtes pas humain », glisse alors George Eddy.

Soudain tout s'éclaircit. Une ligne de plus sur le palmarès de Jordan, bien sûr, un come-back réussi après l'escapade base-ball, évidemment, mais un titre à la gloire de son père, surtout. Trois ans après l'assassinat de ce dernier par deux paumés sur une aire d'autoroute, Jordan lui rend là un ultime hommage. C'est en partie à cause de lui qu'il a tout plaqué un soir maudit d'octobre 1993, mais c'est aussi en partie pour lui qu'il est revenu rafler ce quatrième titre. Sorte de quête du Graal que seul Jordan pouvait rendre possible. Le jour de la fête des pères. Tout est signe, dit-on...

Devant votre petit écran, sur Canal+, il est plus de 4 heures du matin en France, je vous imagine en train de hurler, de nous demander de nous taire, pour mieux vous laisser vivre l'instant. Sur le plancher, Jordan se relève. Direction les vestiaires. Seul, toujours. Exit Rodman, Pippen et autres rock-stars du jour. La cérémonie qui se prépare, les cris, les chants, la fête, l'agitation, tout cela doit lui sembler bien dérisoire. Arrivé dans les vestiaires, Jordan s'écroule de nouveau avec, pour seul œil inquisiteur, une caméra de NBC. Il sanglote. Dehors, la remise du trophée a débuté, mais Jordan s'en fout.

Quand il revient sur le parquet, quatre longues minutes plus tard, c'est pour répondre à une interview de son pote Ahmad Rashad. « C'est tellement important pour moi, lui dit-il, pour ma femme, mes enfants... et mon père décédé. » Retrouvez les images. Vous verrez. « C'est le sommet de ma vie, poursuit-il. C'est la fête des pères, je pense à lui. Ce titre est pour lui et mes enfants... » Les larmes de la gloire. George et moi, nous comprenons enfin. E.T. est aussi humain !

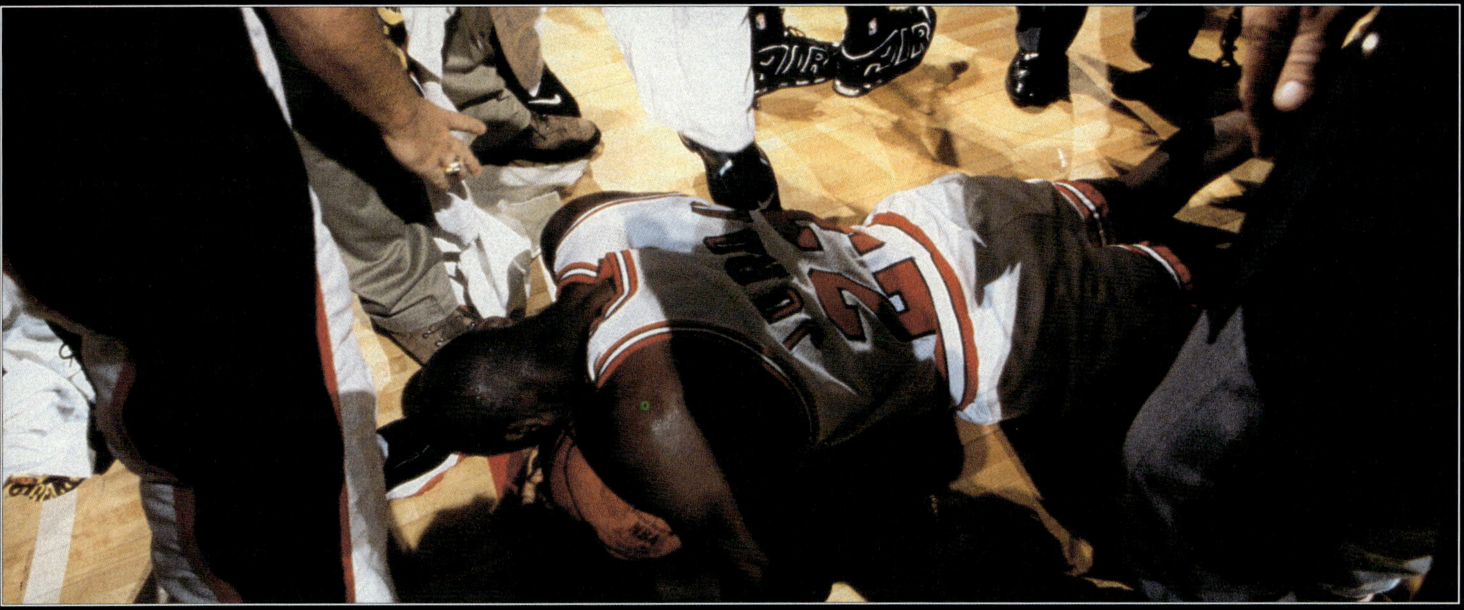

Quatrième titre. La joie de MJ, dans les bras de Scottie Pippen (à g.) et les larmes sur le parquet.

JORDAN
23
52
41

PREMIER PAS SUR LA LUNE !

Jordan a choisi North Carolina pour ne pas s'éloigner de sa famille. Il ne le regrettera jamais...

Chaque année, des tas de scouts sillonnent les États-Unis en noircissant des pages entières de rapports sur les futures stars du basket mondial. Avec un maillage resserré, aucune pépite n'échappe à ces chercheurs d'or. Enfin... Alors, quand North Carolina, une des meilleures facs du pays, un soir de novembre 1980, recrute un certain Michael Jordan dans l'anonymat le plus complet, l'incrédulité s'affiche sur le visage de ceux qui connaissent Dean Smith, le plus célèbre des coaches universitaires. En effet, Jordan ne figure pas dans la liste des 300 meilleurs lycéens américains, publiée par l'incontournable magazine *Street and Smith*. Au moment de la signature, dans le salon familial, il lui reste encore une année de lycée à tirer.

En récompense, les deux assistants de Dean Smith, dénicheurs de l'oiseau rare, se font tailler un joli costard par un certain Jim Bukuta, spécialiste avisé : « D'après les scouts de North Carolina, Jordan est le plus excitant de tous les lycéens qui arrivent en NCAA. Mais on sait bien que les gens de cette région exagèrent un peu. » Quel flair...

Jordan, en 17 secondes, réussit son premier hold-up prestigieux.

Six mois plus tard, tel un gangster qui ne se donne même pas la peine de repérer les lieux avant de commettre la plus stupéfiante des effractions, Jordan, en 17 secondes, réussit son premier hold-up prestigieux. Ce soir-là, la finale universitaire oppose les Tar Heels de North Carolina aux Hoyas de Georgetown. Jordan n'est qu'un *freshman*. Un débutant. Pour lui, les portes de la gloire vont s'ouvrir instantanément. Georgetown mène 62-61. Dean Smith commande un temps mort et trace sur son tableau magnétique un diagramme précis. Jordan hérite du dernier ticket, au détriment des stars de l'équipe que sont alors James Worthy et Sam Perkins. Ce pari osé, Dean Smith a des raisons pour le tenter. Il a découvert qu'aucun joueur n'avait incarné à ce point la devise scotchée dans les vestiaires des Tar Heels : « Développe ton talent et ta force pour permettre aux autres d'être fiers de toi. » Jordan n'aurait pas dû être là sur ce parquet.

Quelques jours avant le tournoi final, il était couché sur un lit d'hôpital. North Carolina, irrésistible, venait de réussir la plus belle saison de son histoire, 27 victoires et 2 défaites, et de

Avec ce tir en finale NCAA, il entre dans l'histoire du basket universitaire.

NORTH
23
CAROLINA
GEORGETOWN
32

Sa première consécration : le lycéen de Laney est invité au McDonald's All American, le All Star Game des lycées US.

Il développe son jeu en défensif avec une étonnante aisance.

coiffer Virginia du géant Ralph Sampson, pour remporter le titre de la conférence AAC. North Carolina s'entichait d'une perle capable de magnétiser les défenses : 13,5 points à 53,4 % de réussite aux tirs, 4,3 rebonds. Jordan avait réalisé l'unanimité et respecté cette tradition secrète selon laquelle, à chaque saison, Dean Smith intronise un « débutant » dans son cinq, alors qu'ailleurs ils sont gentiment consignés sur le banc.

Entre les mains des médecins, qui auscultent son énorme furoncle dans les amygdales, Jordan ne rêve que de s'évader : « C'était une décision au jour le jour. Si ça s'aggravait, on me les enlevait et j'étais fini pour la saison. » 48 heures après avoir recouvré sa liberté, il est sur le parquet. En guise d'excuse pour avoir abandonné ses potes pendant deux semaines, il inflige 18 points à la défense de Georgia.

New Orleans 1982. Demi-finale. Houston-North Carolina. La Phi Slamma Jamma de Houston University, confrérie de dunkers fous, copilotés par Hakeem Olajuwon, Michael Youg et Clyde Drexler, est canardée en plein vol (68-63).

En finale, le colosse Pat Ewing de Georgetown, devant 61 612 spectateurs, impose la masse des Hoyas. Pression défensive. Match suffoquant. Pas d'air. A 57 secondes, « Sleepy » Floyd donne cette fameuse avance. Les ouailles de Dean héritent de la balle, et cherchent la faille pendant 25 secondes sans la trouver. Leur mentor commande un temps mort. Pour tous, c'est évident, le dernier tir sera dégainé par James Worthy, ailier fluide aux allures de Lucky Luke, en partance pour les hautes sphères des pros NBA. Reprise.

Deloris, sa mère, l'a initié à la cuisine ; Jordan adore les pâtes.

Jordan, ex-lycéen ordinaire, devient un basketteur extraordinaire.

Nul ne voit James s'approcher de Jordan et lui glisser dans l'oreille avec l'assurance du vieux briscard : « Si tu loupes, je serai là pour prendre le rebond et marquer... » Worthy ne touchera plus le ballon du match. Jordan, ex-lycéen ordinaire, devient un basketteur extraordinaire. Un héros. Champion universitaire à 19 ans.

De son enfance à son premier match NCAA, le 28 novembre 1981 à Charlotte, on veut tout savoir. Michael Jeffrey Jordan est l'avant dernier-né de James et Deloris née Peoples. Celle-ci a fait la connaissance de James à 50 kilomètres de son domicile parental, en allant voir ses cousins se faire étaler sur le bitume par une bande rivale. Deloris a 15 ans. James 18. Elle est envoyée en Alabama par des parents qui veulent la préserver des mauvaises fréquentations. James, lui, s'engage dans l'US Force.

Quand ils se retrouvent six mois plus tard, c'est pour ne plus se quitter. Michael, quatrième enfant, naît le 17 février 1963, à Brooklyn, quartier de New York, où le couple vient d'emménager. Il est un miraculé. « Nous avons longtemps craint la fausse couche, puis il est né avec le nez qui saignait », raconte Deloris.

A 2 ans, Michael échappe à une électrocution.

A 2 ans, Michael échappe à une électrocution en jouant avec des fils électriques. La décharge l'enverra valdinguer à plus de 3 mètres. A 3 ans, on le donne pour mort après une chute brutale du haut de son lit. James, ouvrier modèle, s'installe avec sa tribu à Wilmington, en plein cœur de la Caroline du Nord. En raison de son obsession à avoir le crâne toujours dénudé, Mike hérite de son premier surnom, « Baldy ». Deloris, employée modèle de banque et mère poule, aime poser son regard tendre sur sa petite troupe : « Mike était un bébé joyeux. Il ne pleurait jamais. Adolescent, il détestait la tristesse et voulait que tout le monde soit heureux comme lui. Mais il fallait souvent le discipliner, il me testait toujours jusqu'à la limite. » Préférant éviter les tâches domestiques en donnant son argent de poche à ses frères et sœurs, pour vaquer en toute quiétude à ses jeux quotidiens.

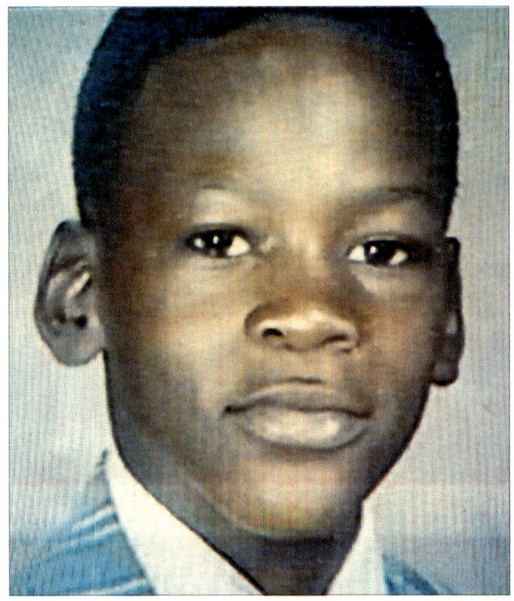

Mike, quatrième enfant Jordan.

A Laney High School, il touche à tout. Quarterback au foot, pitcher au base-ball et meneur au basket. Sur le parquet, meilleur marqueur des juniors, il lorgne sur une titularisation dans l'effectif senior.

Mais le jour où la liste est publiée, il constate, dépité, qu'on lui a préféré un certain Leroy Smith, beaucoup plus grand de taille. Jordan vide son corps de ses larmes, craque, se ravise, s'accroche à l'équipe en portant le sac de ses coéquipiers et en passant les serviettes durant les temps morts : « Je me suis juré qu'être assis à regarder les autres jouer ne m'arriverait plus jamais. »

Durant l'été 1979, il prend 10 centimètres, rafle neuf trophées lors d'un fameux « Five Star Camp » estival, et plante 35 points

L'été venu, son père lui trouvait toujours de petits emplois.

13,5 points par match : à 20 ans, Jordan sait se retenir… Plus pour longtemps !

Étudiant studieux,
Jordan quitte la fac de North Carolina au terme de sa troisième année.

pour son premier match de la saison. Les lettres des facs affluent. Lui refuse de s'éloigner du domicile familial. Lors d'un match à New Hanover, il marque les quinze derniers points de son équipe. Mike Brown, un joueur des Tar Heels, subjugué, fonce sur le campus et raconte son étonnante découverte au staff de North Carolina. Des histoires d'extraterrestres, se baladant sur un bitume paumé, Dean Smith en écoute tous les jours.

Souvenez-vous, dans cette région, on exagère parfois un peu...

101 matches plus tard, à 17,7 points (54 % de réussite), une finale universitaire dans la poche, avec l'agrément de Dean Smith et de James Jordan, mais sans celui de Deloris – elle n'accepte pas que Mike fasse l'impasse sur son diplôme –, Jordan clôture son aventure NCAA lors d'un dernier match mémorable contre Indiana. « Je viens sans doute de passer les plus belles années de ma vie, mais il est temps pour moi d'aller voir ailleurs. » Langue sortie, la fusée Jordan est sur une autre orbite.

Pour une fois, dans cette région, on n'avait pas exagéré !

L'INTELLIGENCE, ÂME DE LA PERFECTION

par
Jean-Louis Le Touzet
Journaliste à *Libération*

On a dit à son sujet, et avec beaucoup d'audace, de belles sottises. J'ai entendu que Mozart était son cousin. Ce qui est très exagéré. J'ai lu que le sport avait trouvé son Rostropovitch. On imagine mal prêter au violoncelliste un short et une paire de souliers qui brillent. Plus modestement, même s'il est impératif de souligner ce qui appartient à jamais à Michael Jordan : l'intelligence du jeu, le joueur des Chicago Bulls aura lutté pour chercher le décalage. Car il n'y a pas de jeu sans espace. Jordan a vécu cette quête de la liberté. A la différence des autres, il l'a très souvent trouvée.

C'est ainsi qu'il est grand. Les sports collectifs, à l'exception du volley, se ressemblent au fond étrangement. Le joueur qui échappe au marquage est un funambule. C'est Aleksander Nikolic qui l'affirme. Le maître yougoslave du basket a comparé le basketteur à un artiste de cirque. Il faut s'entendre là-dessus. Le cirque n'est pas la foire, même si la NBA semble, depuis quelques temps, faire en sorte de s'en approcher. Jordan était un jongleur que l'on aurait enfermé avec des grands fauves. Il s'est joué des mammifères sans jamais tomber dans les quilles. C'est un exploit, compte tenu de sa relative petite taille. C'est surtout une victoire de l'intelligence.

Nikolic a encore dit qu'une grande équipe était d'abord imprévisible. C'est un adjectif qui habille Jordan. La coupe est donc parfaite et les plis chez lui tombent impeccablement. Daniel Costantini, l'entraîneur de l'équipe de France de handball, championne du monde en 1995, a affirmé un jour que Jordan aurait suivi la même carrière s'il avait choisi ce sport très européen. Tout n'est pas dans la détente, mais dans la vue globale du jeu. La posséder signifie que l'on maîtrise le jeu.

Le sport de balle est en ça assez proche du sport cérébral. Les échecs devraient lui parler. Le bridge également. Il n'y a pas de coquetterie là-dedans, juste ce plaisir de pousser plus loin la réflexion du jeu. On s'est souvent demandé pourquoi les handballeurs yougoslaves, qui n'avaient pas la puissance des Russes ou des Suédois, se jouaient de l'adversaire jusqu'à le faire chavirer. C'est la pratique du basket, ont-ils répondu. Mais pourquoi diable le basket ?

Parce qu'il favorise la lecture du jeu. Ce n'est pas révolutionnaire, mais ce n'est pas non plus une morale à deux sous. Jordan aura été le plus fameux de tous les lecteurs. Le regard du champion, c'est la ponctuation. Jordan aura travaillé ce talent qui poussait confusément en lui. Il parvient à le maîtriser. Mais avant, il aura récité tous ses classiques et retenu que les alexandrins font douze pieds. Cela vaut pour le sport car les fondamentaux ne sont que des exercices de versification intensifs. Pour le reste, la télévision aura donné de lui l'image de l'aisance sans labeur. Ce qui est trompeur. Demeure toutefois une énigme physiologique. A chaque point marqué expirent trois insupportables notes de musique. Multiplions le tout par 29 777 points. On est forcément en droit de se demander si Jordan n'était pas un peu sourd. Comme Beethoven, en quelque sorte.

Artiste à deux visages : pianiste dans sa chambre d'hôtel (à g.) après son récital en finale NBA 1998.

CHICAGO BLUES

Quand Jordan est drafté par Chicago en 1984, les Bulls, franchise moribonde, réalisent l'affaire du siècle !

BARKLEY
34
BULLS
23
1060
76ERS
evian

A sa première conférence de presse chez les Bulls, épié comme une bête curieuse, sapé comme un petit catéchiste, Jordan se soumet avec délectation aux questions des journalistes. Dompteur scénique naturel, il esquive toutes les embûches avant qu'un confrère facétieux ne lui demande un jugement sur ses futurs coéquipiers. Mike, après un regard furtif sur le roster, s'élance : « Je ne pense pas que nous allons rester invaincus cette saison et les suivantes. » De Chicago, avant sa draft, il ne savait rien sur la story du club, et encore moins sur les anciennes gloires. Le vide.

Comme celui qu'éprouvera, plus tard, le manager de Portland, coupable d'avoir un jour laissé filer un astre qui leur était promis. Juin 1984, Chicago, avec un piteux record de 27 victoires et 55 défaites, vient d'hériter du troisième spot de la draft. La mode est aux grandes tiges. Houston et Portland seront les premiers à piocher dans le vivier. Les Rockets n'ont d'yeux que pour Akeem Olajuwon, talentueux pivot nigérian qu'ils rêvent d'associer à Ralph Sampson, pour bâtir la fameuse Twin Towers. Un fantasme. Portland, persuadé de détenir en Clyde Drexler et Jim Paxson une paire d'arrières irrésistible, s'entiche d'un colosse au pied d'argile, un pivot nommé Sam Bowie. Un mirage.

Le choix Jordan suscite une moue de satisfaction.

Jordan, qui a grandi dans le climat chaud de la Caroline du Nord, rêve du Texas et de son association possible avec ce fameux Ralph Sampson. Le jour de la draft, il est interné par le coach Bobby Knight, à Indianapolis dans le camp olympique de la sélection américaine, en vue du mégashow de Los Angeles 1984. Au quartier général des Bulls, les rumeurs de changement de propriétaires et d'un déménagement loin de Chicago minent les quelques membres du staff qui se sont rassemblés. Le choix de Jordan suscite une moue de satisfaction. Sans plus.

On est loin de l'ambiance de foire qui règne à Wilmington. Dans le repaire familial des Jordan, James, qui a eu l'autorisation de quitter plus tôt le boulot, suit l'événement en direct à la télé, entouré des frères, sœurs, proches, potes et toute la smala. La maison manque d'exploser quand Mike passe un coup de fil. A Portland aussi, c'est la liesse. Les Blazers ignorent encore que, ce 24 juin 1984, ils commettent la plus belle bourde de l'Histoire.

Une voie triomphale en NBA pour le Rookie 1984.

BULLS
23

Chicago a deux réputations : ses abattoirs et la légende du plus célèbre des gangsters, Al Capone. Les Bulls jouent dans un vieil antre, le Chicago Stadium, niché à proximité d'un des ghettos les plus dangereux de la ville. Depuis 1981, les 6 365 spectateurs – assistance moyenne – férus de cette formation quelconque n'ont pas reniflé la moindre odeur de playoffs. En signant un contrat de sept ans à 6 millions de dollars, Jordan est un messie qui s'ignore. « Ce ne sera pas le Michael Jordan show. Je veux juste être une part de cette équipe », confie-t-il. Dans cette ligue dominée par l'auréole du duel Bird-Magic, les fans vont se découvrir un troisième pôle d'attraction : Michael.

« Quand je revois certaines photos, j'ai la chair de poule. » Signé Jordan !

« Il est capable de t'enlever ton cœur et de le manger devant toi. »

Ce n'est pas sa voracité à la marque qui fascine, mais sa rage de vaincre. A chaque minute, il déborde d'énergie. Carnassier en défense, prédateur en attaque. Jumpeur, dunkeur élégant, dribbleur fantastique, on le découvre capable de marcher dans les airs quand la route du panier lui est interdite. Too much. Chicago est sous le choc. A la sortie d'un entraînement, Orlando Woolridge, martyrisé, le décrit tout tremblotant : « Il est capable de t'enlever ton cœur et de le manger devant toi. » Jordan a retenu tous les enseignements de son mentor de North Carolina, Dean Smith : « Chaque jour, je dois montrer que si je suis le joueur le mieux payé du club, c'est qu'il y a une raison... » Kevin Loughery, son premier coach, le teste. Aux entraînements, lors des matches entre les « titulaires » en blanc et les remplaçants en rouge, il prend parfois la fâcheuse habitude d'envoyer Jordan chez les rouges. Les réservistes n'ont jamais autant gagné !

Ses coéquipiers apprennent dans la douleur à l'apprivoiser. Il arrive à Michael de désigner, en rigolant, les prochaines « victimes » de la séance. Celui qui va se ramasser une pluie de dunks et une orgie de feintes. Impressionnés, certains n'osent plus fréquenter les vestiaires. Dompté et subjugué, chaque Bull sait que le sacrifice est exigé pour ne plus être la risée de la ligue. Chicago franchit pour la première fois la barre des 50 victoires et s'invite en playoff au terme de la première saison du prodige. Peu importe alors qu'ils soient ratatinés par les Milwaukee Bucks. La moisson de distinctions individuelles de Jordan peut commencer.

La joie de l'auteur d'un panier décisif.

CIVIC CENTER
BULLS
23
LAKERS
21
LAKERS
3
54
5
31
43

DUMARS
4

Joe Dumars et ses Bad Boys de Detroit inventent une formule anti-Michael : les Jordan Rules.

Rookie of the Year 1985, Jordan a participé au All Star Game, battu le record de points marqués dans un match par un rookie des Bulls (49 points le 12 février 1985 contre Detroit) et fait main basse sur la tablette des records du club sur une saison – en points (2 313), en tirs tentés (837), en lancers francs (746) et en interceptions (196). Il lave ainsi l'affront d'avoir été pioché au troisième rang de la draft. Jerry Reinsdorf, financier avisé, propriétaire de l'équipe de base-ball de la ville, les White Sox, flaire la bonne affaire, rachète la franchise pour une bouchée de pain, et installe le rondouillard Jerry Krause au poste de *general manager*. Sa mission est simple et périlleuse : installer la fusée Jordan sur une rampe de lancement.

Saison 1986, lors du troisième match contre les Warriors de Golden State, une blessure à un pied, la plus sérieuse de sa carrière, le tient éloigné des parquets pendant 64 matches. La perte sèche aux guichets des Bulls atteint 1,5 million de dollars. Dans les tribunes, dépité par les défaites et la médiocrité de ses coéqui-

Sa plus longue blessure, lors de sa deuxième saison, lui coûte 64 matches !

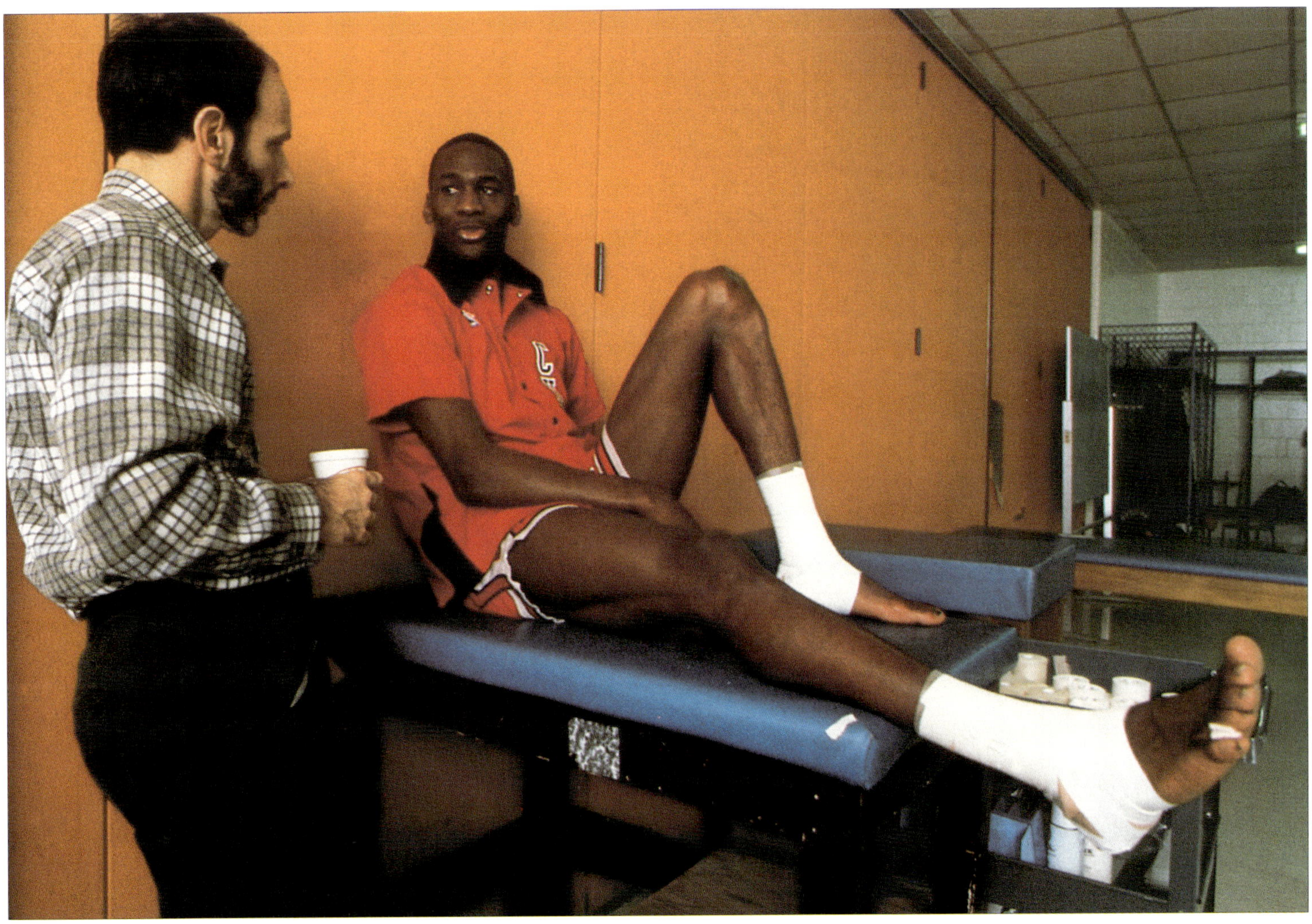

piers, il quitte parfois le Stadium avant la fin des matches. Mais revient juste à temps, en mars, contre l'avis du boss Jerry Reinsdorf, livre les 15 derniers matches de la saison régulière et tire les Bulls en playoffs. Au premier tour, il défie les Boston Celtics de Larry Bird. Les Bulls sont défaits dans la série (3-0), mais Jordan – qui a aligné une moyenne de 43,7 points – trouve le moyen d'établir un nouveau record : celui du plus grand nombre de points inscrits dans un match de playoffs : 63. Estourbi, Bird s'écrie : « C'était Dieu déguisé en basketteur ! »

L'ascension ne se déroule pas sans heurts. Beaucoup de bagages seront pliés. Ceux de trois coaches. Kevin Loughery, Stan Albeck et Doug Collins, avant que Phil Jackson ne trouve enfin la bonne formule. Deux bonnes affaires sont nouées : l'acquisition de deux joyaux, dénichés dans la draft 1987 : Scottie Pippen, sorte d'échalas frêle, et Horace Grant, jumeau au cœur trempé dans l'acier. Bill Cartwright, teigneux pivot new-yorkais, est acquis en échange de Charles Oakley, au grand courroux de Jordan. Chaque échec en playoffs sert de tremplin aux Bulls. A l'est, les Pistons de Detroit, surnommés les Bad Boys, as de l'intimidation, le dessoudent.

Jordan se relève de ses premiers échecs et retrouve le sourire.

Chicago n'a plus le blues.

Quand Michael évoque ses envies de titres NBA, on lui rappelle que Wilt Chamberlain, Jerry West et Oscar Robertson ont épuisé des stocks de patience avant de connaître le nirvana. S'il insiste et tape sur les nerfs, on lui promet un destin identique à Elgin Baylor, Nate Thurmond ou encore Pete Maravich, des étoiles qui n'ont jamais brillé sur le plus haut podium de la ligue. Dans son dos, les persifleurs se lâchent et racontent que Chicago est l'équipe qui joue avec onze pivots et… Michael Jordan.

Jordan patiente en moissonnant. Avant les playoffs 1991, il a engrangé cinq fois le titre de meilleur marqueur NBA, a été proclamé MVP – meilleur joueur – à deux reprises et a participé au All Star Game cinq fois en sept saisons. Jordan a l'énergie du désespoir. La langue tirée, il est un dromadaire exténué dans un désert asséché par sa virtuosité. Sa quête du point d'eau est imminente. Chicago n'a plus le blues. Des millions d'adeptes en Amérique, et bientôt sur la planète entière, vont enfin entrer en religion et recevoir leur baptême d'Air Jordan.

Drafté en 1987, Scottie Pippen devient le fidèle lieutenant de Jordan.

THE DISCOVER CARD
BUD LIGH
ULLS
23
33

L'HOMME DEVIENT DIEU

par

Didier Le Corre

Rédacteur en chef de *Basket Hebdo*

Janvier 1986. Boston Garden, le temple. Les Celtics expédient les affaires courantes. Ce soir, ce sont les Bulls qui leur sont livrés en pâture. Une équipe médiocre, un peu terne, mais qui possède dans ses rangs un jeune joueur qui commence à enflammer les fans un peu partout aux États-Unis : Michael Jordan. Mais ici, terre de tradition et de valeur, on n'en a que faire. Le Garden ne ronronne que pour ses Celtics en quête d'un nouveau titre NBA. Les petits gars de Chicago ne font pas le poids. Ils prennent une valise : 132-103.

Après le match, je vais traîner du côté des vestiaires. Autre époque où le chemin vers le locker-room n'était franchi que par quelques journalistes. Américains bien sûr. La NBA n'était pas encore globale. Je discute avec Bill Walton dans le couloir. Le grand rouquin sympa, blessé, est resté en tenue de ville. D'un œil, je surveille la sortie des vestiaires des Bulls. Tous ces grands gaillards rigolent. Je comprends pourquoi en me retournant. Un flic tente de retenir à l'entrée du couloir une trentaine de groupies.

Soudain, il sort. Une apparition. Michael Jordan est magnifiquement beau. Il sourit. Les filles bousculent le pauvre représentant de l'ordre et se jettent sur lui. Une grande blonde, vraiment très jolie, décroche le jackpot. Elle se précipite sur Mike et se jette à ses lèvres. Lui se laisse faire, laisse tomber son sac. L'étreinte est longue. Jordan se laisse aller contre le mur, les bras en croix. Dix bonnes secondes plus tard, la fille se décide à décoller ses lèvres. Jordan est radieux. Elle repart tout excitée en courant vers la sortie, serrant les poings et les larmes aux yeux. Mike ramasse son sac, le sourire toujours au coin des lèvres. Des flics sont arrivés en renfort. Bill Walton éclate de rire et me glisse : « Tu as vu ça ? C'est extraordinaire, non ? »

Le mythe est né. Janvier 1989. Trois ans plus tard. Julie Marvel, la relation publique des Golden State Warriors, s'efforce de conserver son sourire de façade. Mais Julie est quelque peu débordée. *He is in town.* Michael Jordan et ses Bulls sont à Oakland pour leur seule représentation annuelle. D'une dizaine, le quota de journalistes habituels des matches des Warriors est soudainement passé à une bonne trentaine. Une véritable ruche bourdonnante qui la harcèle pour obtenir son petit bout d'exclusif : un entretien avec le Maître. Julie essaie de mettre un peu d'ordre.

Le ton monte. Tous veulent leur petite interview. Alors, Julie distribue les tickets d'entrée au paradis. Les grands quotidiens nationaux se taillent la part du lion. Ils ont droit à un quart d'heure. Le journaliste français est classé bon dernier en compagnie d'une feuille de chou rurale de l'Oregon. « Entre trois et quatre minutes », me dit-elle. C'est court pour une interview de deux-trois pages. Une heure après, le car des Bulls se gare devant le Coliseum. Le taux d'adrénaline monte chez les journalistes. Les joueurs s'emparent du parquet. Surprise : Phil Jackson porte aussi un magnifique costume et une non moins magnifique cravate durant les practices. Mais, petite faute de goût – que voulez-vous, il est américain –, le gourou est chaussé d'une paire de sandales ! Du plus bel effet baba-cool…

L'entraînement est intense et Jordan donne la leçon. Il va vite et n'hésite pas à ridiculiser son adversaire. Jackson siffle avec ses doigts la fin du practice. La masse des journalistes s'agglutine alors vers le divin chauve. « Hey, Mike ! », « Please, Mike ! ». Lui continue de marcher sans faire attention à cette grappe humaine qui l'entoure. Il a été tenu au courant de son programme et ne se soucie pas des désirs des médias. Je tente quand même ma chance. Je lui glisse : « Mike, je viens de France spécialement pour te voir. » Tout en marchant, il daigne jeter un regard sur cet olibrius qui l'apostrophe avec un drôle d'accent dans un anglais hésitant. Sa réponse fuse : « Tu viens de France ? Pour moi ? OK, viens dans les vestiaires deux heures avant le match. On parlera dix minutes. »

Autres temps, autres mœurs encore. Michael Jordan m'accordera finalement une demi-heure. Nous sommes en 1989. Jordan n'est pas encore un demi-dieu. Les filles ne peuvent plus l'approcher. Mais il est encore disponible pour les médias. Plus pour longtemps.

Dans l'action, Jordan a un pouvoir de concentration incroyable.

JORDAN
23

LA GUERRE DES ÉTOILES

Jordan, meilleur scoreur de tous les temps au All Star Game : 30,2 points de moyenne en 11 participations !

Son entrée dans la sphère étoilée des stars NBA est une blessure. All Star Game 1985, à Indianapolis, Michael le rookie est dans le cinq de départ. Il ignore qu'un long supplice l'attend. Privé de balle, il erre sur le parquet et ne prend que 9 tirs. Une misère.

Victime d'une conspiration, il découvre que le cerveau de cette cabale n'est autre que le meneur des Pistons : Isiah Thomas. Entre les deux commence alors une relation teintée de méfiance, de défis et de rivalités parfois brutales... Pourquoi un tel comportement ? La veille, lors du Slam Dunk Contest, Jordan avait eu le don d'irriter toutes les stars. Au lieu de porter la tunique officielle des Bulls, il arbore une tenue flashy, survêtement et baskets rouge et noir... Nike et une chaîne en or. Du plus bel effet. « Dans mon dos, j'entendais les stars raconter que j'étais prétentieux, arrogant et imbu de ma personne. Durant le match, ils m'ont éloigné du ballon, j'avais vraiment les boules. »

Une humiliation salutaire. Jordan, idole des kids qui voulaient ressembler aux grands kids, en mimant leurs ridicules tenues vestimentaires – manteaux de luxe, quincaillerie de luxe, grosse bagnole –, se ravise : « Je me suis regardé dans un miroir et j'ai compris que je me préférais ainsi, simple. » Le reflet va devenir éblouissant. De cette envie de retrouver sa vraie nature jaillissent un véritable dévoreur de stars et un showman redoutable. Même si à l'édition suivante, blessé, il manque à l'appel, le public, lui, l'a déjà plébiscité en lui offrant une place au chaud dans le cinq de l'Est.

Jordan franchit à 28 reprises la barre des 40 points dans un match.

La saison 1986-87 à peine commencée, Jordan franchit à 28 reprises la barre des 40 points dans un match. Six fois il aligne plus de 50 points. En moins de deux semaines, entre fin novembre et début décembre, il franchit la barre des 40 points huit soirs, dont six lors d'un long trip à l'Ouest. De quoi mettre en transe les fans qui votent, dans toutes les salles, pour envoyer les stars de la ligue au fameux All Star Game. Le match des étoiles. 1,41 million de suffrages se reportent sur son nom. « C'est super de voir les fans admirer mon style, dira-t-il. Je ne ferai jamais rien pour les décevoir. »

Gamin, il rêvait de mesurer 2,15 m et de délivrer des smashes de légende.

AIRBORNE EXPRESS
The Seattle Times
SEATTLE CENTER COLISEUM
BULLS
23
Gatorade

« C'est super de voir les fans admirer mon style. »

S'il existe un être humain capable de voler, c'est bien Michael Jordan !

Seattle. All Star Game 1987. Le concours de smashes est un must du genre... Il a prévenu ses coéquipiers qu'ils allaient gagner. Les mois précédant l'épreuve, chacun d'entre eux ira lui suggérer les figures à réaliser. Jordan qui, adolescent, rêvait de mesurer 2,15 m et de délivrer des smashes de légende, doit désormais inventer sa panoplie. Il ne se laisse pas intimider par les créations qu'ils admirent. Notamment les dunks de Terence Stansbury – la fameuse statue de la Liberté, où il décolle dans l'axe du panier en tenant le ballon haut et pivote sur lui-même avant de l'écraser ; celui de Kenny Smith – qui fait rebondir la balle au sol, alors qu'il est dos au panier. Et Darryl Dawkins qui, lui, brise les arceaux.

En 1985, à Indianapolis, Jordan a pris son appel, sur le côté de la raquette, s'est envolé, la balle tenue en avant, a glissé dans les airs, pris le temps de regarder et de contourner le panier, avant de smasher en se retournant. Score : 47,5 sur 50 possible. Il n'a pas gagné. Mais empoché 12 000 dollars. De retour à Chicago, il décachette l'enveloppe et file 1 000 dollars à chacun de ses douze coéquipiers.

En 1987, à Seattle, il doit gagner. Ses coéquipiers le lui ont demandé. A l'ultime tentative, il se recule loin derrière le panier, tel un avion de chasse sur un porte-avions. Les frissons parcourent les travées. Les stars NBA se lèvent. Ce smash, plus personne ne l'avait exécuté depuis Dr J (Julius Erwing) Baskets blanches aux pieds, serre-poignets rouges remontés au coude. Ce n'est plus Michael, mais Air Jordan. Le décollage est somptueux. De la ligne de lancer franc, en tête de raquette. Le vol est interminable et l'atterrissage déclenche une clameur à vous couvrir le bruit de décollage d'un Concorde. Irréel. Total : 49 points. Premier slam dunk championship. Debout, ses pairs l'acclament à n'en plus finir. Dans ce défilé glamour de stars, le public s'entiche définitivement pour le top-model du spectacle, Jordan. « Je pourrais vous montrer un film où je dunke à Milwaukee, dit-il. Je flotte comme si quelqu'un m'avait mis des ailes. J'ai parfois la chair de poule quand je revois cette image. Quand le jump devient un vol plané, je ne sais plus quoi dire. »

Jordan et son idole du jeu : Dr J (Julius Erwing).

Gatorade
Budweiser
KING OF BEERS
WHITE WAY
:00
Chicago Tribune
WILKINS
145
PLR F PTS
JORDAN
97
PLR F PTS
Gatorade
TM. FOULS
Enjoy Coca-Cola
Winston
BULLS
23
Schick
Winston
BUSCH
diet Coke
Chicago Tribune
Gatorade
Slam-Dunk Championship

NBA
JORDAN
23

Star parmi les stars, le 3 juillet 1989, il participe au All Star Game organisé par Larry Bird.

Duel avec Hakeem Olajuwon.

On attend désormais tout de lui. Jordan doit monter à l'assaut des plus beaux records des Bulls, voire de la ligue. Février, les Nets se pointent, Mike arrose 57 points. Chet Walker n'est plus le recordman des points marqués par un Bull sur une saison. Quelques jours plus tard, il plante 61 points après des prolongations mémorables aux Pistons dans le Pontiac Silverdome. Il devient là-bas l'ennemi public numéro 1. On lui signale qu'à ce rythme il peut devenir le deuxième joueur de l'Histoire à franchir le total de 3 000 points sur une saison.

Le dernier auteur de ce forfait était le monumental Wilt Chamberlain, en 1962-63. Il en fait son affaire. En mars. Jordan augmente la cadence. 53 contre Indiana, 50 face à Milwaukee, et 61 devant les Hawks d'Atlanta en plein Chicago Stadium. Le meilleur marqueur de la ligue avec un total de 3 041 points et une moyenne de 37,1 points sur la saison.

Ce titre est sa propriété. Plus jamais personne n'osera le lui ravir quand il démarre une saison.

On le compare aux deux monuments de l'époque, Larry Bird et Magic Johnson, pour mieux diminuer ses mérites. Aux deux premiers, on attribue des qualités de jeu qui permettent respectivement aux Celtics et aux Lakers d'avoir une carrure de champions NBA. Jordan est furieux. En 1988, All Star Game à Chicago. Ce jour-là, le duel de dunkers face à son plus sérieux rival, Dominique Wilkins, atteint des hauteurs démo-

28 mars 1990, son match historique : 69 points face aux Cleveland Cavaliers. Record personnel !

niaques. Le Stadium est un épicentre. Chaque dunk décroché par les duettistes fait l'effet d'un tremblement de terre. Difficile de les départager.

Quand « Do » le dos tourné au panier, tête collée sur le cercle, écrase la balle dans le panier, Jordan réplique. Attaque le panier sur le côté, monte, la balle collée dans la main va chercher la cheville et le bras s'éjecte comme une catapulte. Total : 49 points. Jordan vainqueur. Les juges ne sont pas des kamikazes. Ce jour-là, ils ont préféré quitter Chicago vivants. « Ce duel au concours de smashes contre Dominique Wilkins m'avait survolté. Je sentais le public, il était pratiquement là, sur le parquet, il me transportait. J'ai marqué 40 points devant toutes les grandes stars de la NBA, dont certaines qui avaient gagné des titres. Mais c'est comme si tout Chicago voulait leur envoyer le message, et moi, j'étais le facteur. » Son record de points dans un All Star. Son premier titre de MVP. Il en obtiendra trois. Réussira, le 9 février 1997, le premier triple double de l'histoire du match des étoiles.

« J'avais la sensation que personne ne pouvait m'arrêter. »

Jordan est l'incarnation d'une NBA moderne. Pour faire pleuvoir les dollars, la machine grippée par des histoires de drogue, de rentabilité et de fiabilité doit s'épanouir à travers le prisme des appareils high-tech, caméras télé, zoom photographique. Désormais, la NBA vend du rêve et pas du pansement pour les aigris et autres vedettes à l'ego meurtri. Jordan en rajoute. Chacun de ses multiples exploits est disséqué sous tous les angles, des heures durant, et envahit toutes les télévisions du monde. Le 28 mars 1990, dans le Coliseum de Chicago, les Bulls s'imposent après prolongations, 118-117.

Jordan, en ébullition, a fait paniquer les ordinateurs. Il réussit le plus gros carton de sa carrière : 69 points en 50 minutes – 23 tirs réussis sur 37 ; 2 sur 6 à 3 points ; 21 lancers francs sur 23, 18 rebonds (7 offensifs et 11 défensifs), 6 passes décisives, 4 interceptions, 1 contre, 2 balles perdues et 5 fautes personnelles. « Ce jour-là, j'ai eu l'impression d'avoir réalisé le meilleur match de ma carrière. J'avais la sensation que personne ne pouvait m'arrêter. »

Pour remporter le Slam Dunk 1998, Jordan accomplit des prouesses inimaginables.

DOMPTEUR DU MADISON

par

Constant Nemale

New York est une ville de frimeurs. On y admire les beaux parleurs et les caïds qui roulent les biscotos sous le froid de l'hiver et la canicule de l'été. New York est aussi le cœur du basket américain. C'est là que se trouve le siège de la NBA. Broadway, Wall Street et le Madison Square Garden. Un temple de la balle orange. « La salle dans laquelle j'aime me transcender », avoue Jordan.

All Star Game 1998. Toutes les stars de la NBA vont lui faire sa dernière révérence. Ça fait trois décennies que le grand circus de la NBA a boudé « Big Apple », comme on la surnomme. Dans cette salle qui a connu les plus beaux duels, l'unique star qui exalte les foules est Michael Jordan, né à quelques blocs du Madison, à Brooklyn. Et perpétuel bourreau des Knicks.

A la présentation des stars, l'applaudimètre manque d'exploser quand le speaker annonce le rituel n° 23 « from the Chicago Bulls ». 18 000 poitrines, souffle retenu, lâchent enfin leurs cris. Une ovation, vague déferlante qui descend des tribunes et s'écrase dans les tympans. La « dernière guerre des étoiles » de Mike. On ne le sait pas encore, mais on le pressent.

Jamais le « Garden » ne l'a autant acclamé. Il est ému. Si l'affiche est placée sous le signe du grand défi entre Kobe Bryant et Jordan, symbole d'un passage de témoin d'une génération à l'autre, sur le parquet, c'est Jordan qui va encore jouer le matador. Mike connaît chaque lamelle du parquet du Madison. 48 minutes plus tard, chacun est remis à sa place. Jordan empoche le match (135-114), le gain qui va avec (MVP) et les stats : 23 points, 8 passes décisives, 6 rebonds et 3 interceptions.

A la demande de Nick Van Exel, il gratifie ses compères de deux lancers francs les yeux fermés. Comme pour faire revivre tous les souvenirs qui l'inondent à cet instant. 28 mars 1995, dix-sept mois après être sorti de sa première retraite NBA, il se rappelle au bon souvenir de ses victimes : 55 points au terme de son cinquième match de reprise. Sorte de bande-annonce avant le deuxième three-peat. « J'ai l'impression qu'ils ont oublié comment jouer contre moi », lance-t-il en quittant les vestiaires.

All Star Game 1998 à New York, Jordan est le MVP.

Oublié ? Non, pas vraiment. Le 31 mai 1993, il avait déjà gratifié les Knicks de 54 points. Janvier 1985, lors de sa première apparition au Madison, il laissera une ardoise de 42 points et des gloussements aux 17 900 spectateurs, inaugurant ainsi une décennie de frustration et de régal pour les habitués du Madison.

Lors de son dernier match au Madison, il chaussera les précieuses Nike de sa première année NBA. « Dans cette salle, au début de ma carrière j'arrivais tout excité comme un gamin. Je ne me contrôlais pas. J'ai appris à la dompter. A comprendre les réactions du public, le meilleur de toute la Ligue. » Beau compliment de l'animateur permanent de la « Garden Party » !

Avril 1998, au Madison Square Garden, Jordan avec ses premières Nike !

Gestes complices entre Magic Johnson et Michael Jordan.

PLANET MIKE

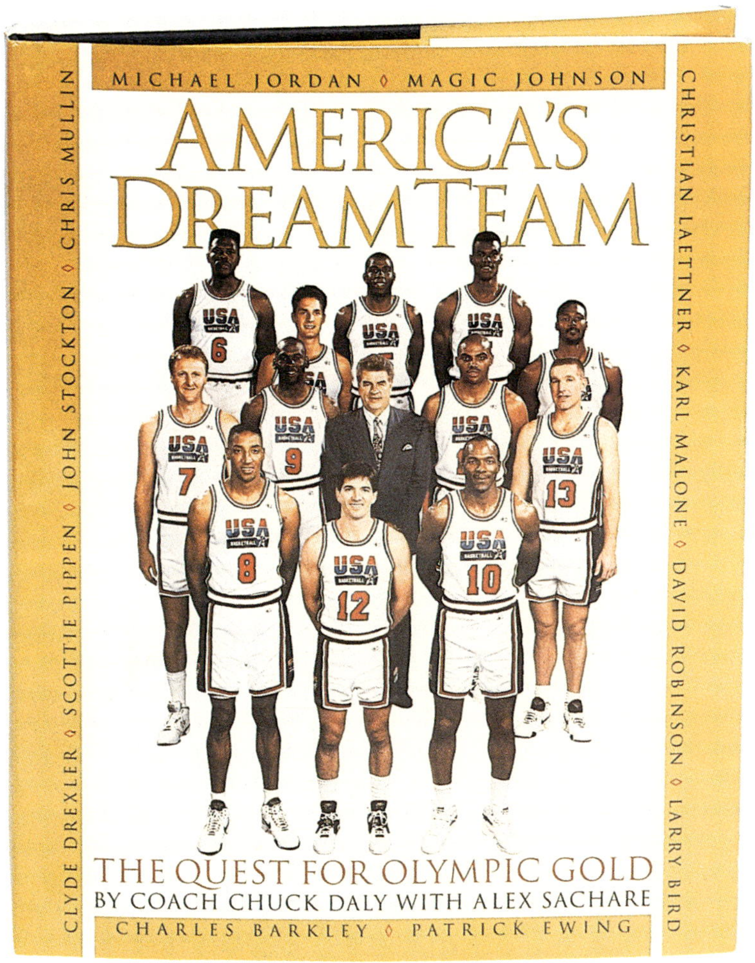

Le beau rêve américain.

David Stern, le boss de la NBA, est un malin. Se rendant compte que l'étroitesse du marché américain ne suffit plus à assouvir la passion des fans à travers le monde, il prépare en sous-main, avec la complicité de la FIBA, l'invasion olympique des pros du basket. Les Européens, longtemps considérés comme les tiers-mondistes du basket, ébranlent la suprématie des Ricains ; Les stars du Vieux Continent, après s'être installées gaillardement dans des franchises – le Yougoslave Divac aux Lakers et le regretté Croate Petrovic aux Nets –, dominent avec leur sélection nationale les plus fines gâchettes universitaires. L'Amérique, qui, depuis 1986, n'a plus rien gagné sur la scène internationale, crie vengeance. Et rassemble son artillerie lourde.

La Dream Team. L'équipe de rêve.

1991. La composition de l'équipe, par un comité de sélection de 13 membres, déclenche une hystérie générale et cause un véritable psychodrame. Isiah Thomas et Dominique Wilkins n'y figurent pas. La liste des 11 stars NBA comprend : Bird, Magic, Ewing, Malone, Pippen, Jordan, Mullin, Barkley, Stockton, Robinson, Drexler. Le coach Chuck Daly émet un soupir d'émerveillement : « *This is a majestic team.* » En écho, un journaliste trouve le véritable label : la Dream Team. L'équipe de rêve. Ce que le mythe et l'imaginaire ont parfois construit séparément prend forme sous des maillots frappés du sigle « USA Basketball ».

Les noms qui défilent sont tous des génériques de films. Air Jordan, as des voltiges effarantes. Magic, héros positif au sourire magnétiseur. Larry Bird, le meilleur Blanc de l'histoire du basket. Dans le commerce, le 15 de Magic, le 7 de Larry Bird et le 9 de Jordan. Sur cette équipe, on peut vendre tout et n'importe quoi. Jordan, lui, a longtemps réfléchi avant de donner son accord. Huit ans plus tôt, il a assouvi un vieux fantasme en participant à une aventure similaire.

Été 1984. Le pensionnaire de North Carolina reçoit la distinction de meilleur basketteur universitaire et apprend sa sélection dans le « Team USA », appelé à se produire sous les sunlights olympiques de Los Angeles. Jordan est heureux. Il se souvient avoir vu à la télévision Quinn Buckner danser lors de la remise des médailles après la victoire américaine à Montréal, en 1976. Mike attendait son tour.

Personne ne résiste à la Dream Team et aux accélérations de Jordan.

USA
BASKETBALL
9
NBA

Pour son premier titre olympique, à Los Angeles en 1984, il est meilleur marqueur des États-Unis : 16,7 points par match.

Dans une troupe dirigée par le tyrannique Bobby Knight, on lui prédit mille et une souffrances. Jordan fait figure d'élève modèle. Il écoute, applique et comprend plus vite que tous les autres. Sidéré, Knight avouera : « C'est le meilleur athlète que j'aie jamais coaché. »

Cet assemblage, qui comprend entre autres Pat Ewing, Chris Mullin et Sam Perkins, s'impose au fil des matches avec un écart moyen de 32 points. Seul indice de vulnérabilité : une victoire de 11 points contre les Allemands ! Au soir de la finale, Jordan se permettra même une petite entorse à la discipline de fer qu'impose ce bourreau de Bob Knight.

Alors que ce dernier attend devant la porte des vestiaires, prêt à prononcer son discours habituel d'avant-match, Michael, meilleur scoreur du tournoi (16,7 points par match), se précipite au tableau et écrit : « Vous nous avez préparé pour cette mission, on sait désormais quoi faire. » Pour un autre outrage, le trublion Charles Barkley avait été écarté de la liste finale. Charly-la-gaffe s'était moqué devant tous les sélectionnés des chaussures et de l'accoutrement « paysan » du coach Bobby. Le geste de Jordan aurait pu provoquer une colère mémorable de Knight.

« C'est le meilleur athlète que j'aie jamais coaché. »

Lui, en lisant le message, se retourne vers sa troupe pétrifiée et lance : « OK. J'ai plus rien à dire. Let's go. » Mike l'écoute, passe 20 points aux Espagnols qui se ramassent une sérieuse gamelle, 96-65. Cette escouade de futures stars NBA n'oubliera pas de laisser une carte postale à la France, battue 120-62. 58 points d'écart !

Magic ira convaincre Jordan devenu son pote de replonger dans les anneaux olympiques. Jordan débarque dans cette aventure auréolé de son deuxième titre NBA. Sa perception de cette mission de réhabilitation est très poétique : « Quand tu rassembles douze Clint Eastwood pour faire un job, tu n'as pas besoin de leur dire de charger leurs fusils avec des balles... »

Premier rassemblement. La Jolla, San Diego. Juin 1992. Pour s'accoutumer aux règles internationales, au premier camp d'entraînement, la troupe de Mike est opposée à la bleusaille universitaire – Anfernee Hardaway, Grant Hill, Allan Houston, Rodney

Rogers, Chris Webber. Le premier choc est une alerte. La Dream Team, persuadée de n'avoir aucun adversaire à sa dimension – si ce n'est elle-même –, encaisse son unique défaite. 62-54. Magic rouspète : « Je ne suis pas venu ici pour faire le clown. Personne ne doit nous résister. On doit respecter tout le monde. Les écraser en souriant et non sourire quand on se laisse piéger par des universitaires. »

Jordan s'énerve. Grant Hill s'en souviendra longtemps. « Un moment j'essaye de le blouser, il me regarde et dit : "Quand je suis dans mon rythme, je peux faire ce que je veux de toi." Du coup, je l'ai vu jouer comme dans sa vidéo – dont je possède toutes les collections – *Come Flight With Me.* » Jeu de rôles naturel.

A Magic le leadership, à Jordan le rôle du chef d'un corps de ballet qui exécute une chorégraphie harmonieuse, irrésistible. Du 27 juin au 5 juillet, à Portland, au tournoi pré-olympique, l'écart moyen est de 51,5 points. Subjugué, le coach cubain lâche : « Battre cette équipe, c'est comme si vous essayez de couvrir le soleil avec un doigt. »

Finition classique : smash.

« Jordan m'a dit qu'il allait remonter le score, pour nous battre. » MAGIC

Du banc, un regard de maître.

Pause. Détour par Monaco. Séance d'une semaine. Faute de challenge, Chuck Daly, à la fin de chaque séance, leur offre 20 minutes de défis. En cinq contre cinq. Le 22 juillet, Philippe Manaserro, pompier dans le civil et arbitre pour le sport, vit une séance de feu. Magic chambre Jordan qui perd. 14-2. Victoire à 40 points. « Je lui ai dit qu'il ferait mieux de jouer comme aux NBA Finals, sinon il allait se prendre une belle cuite. » Magic va regretter ses propos. Jordan s'énerve. Rameute ses coéquipiers Pippen, Malone, Laettner et Robinson. En face Barkley, Bird, Mullin, Ewing et ce gaffeur de Magic jouent moins les malins. « Jordan m'a dit, se souvient Magic, qu'il allait remonter le score, pour nous battre. Il a sorti ses tripes, je m'en suis voulu de l'avoir provoqué. C'était un moment inoubliable. Sans doute la plus belle démonstration à laquelle tout joueur rêve de participer. Tu veux arrêter Michael ? Un côté de ton cœur te dit : tu peux le faire. L'autre te répond : t'as aucune chance. Ton corps te le confirme :

Au plaisir du golf, en solitaire.

Jordan saute partout. A chaque fois qu'on essaye de lire sa position, on a droit aux talons de ses chaussures sur le torse. »

Son équipe s'impose 40-36. « Depuis le jour où j'ai posé mon sac dans ce groupe, j'ai toujours voulu être à la hauteur de ma réputation. Surtout face à Magic et à Bird. Je refuse que l'un d'eux reparte en faisant de moi quelqu'un qui vit sur son talent, ne bosse pas dur aux entraînements, et prend les adversaires à la légère. Je ne crois pas qu'on verra le véritable niveau de cette équipe. Personne ne peut nous pousser à bout. »

Barcelone. 1992, l'été olympique. La réputation des Américains les a précédés. Si Barkley peut se balader gentiment dans les rues de Barcelone sans être importuné, Jordan, lui, se terre. Calfeutré dans sa chambre d'hôtel. Car les stars n'ont pas voulu semer le désordre dans le village olympique. Ce qui créera une controverse avec les autres athlètes.

Chacune des sorties de Mike déclenche une émeute, un ballet d'hélicos, des zigzags de motos. Manque plus que des sous-marins ! De cet engouement, Magic parle avec des trémolos dans la voix : « Imaginez un groupe musical composé de Michael Jackson, Madonna, Janet Jackson, Sting, Frank Sinatra, Bruce Springsteen et les Beatles... » A lui seul, Jordan incarne les Beatles.

Arrivé incognito, le trio ne peut plus rejoindre l'hélico.

Pour les déplacements, jet privé, suites royales des hôtels, les stars sont choyées. Jordan en profite pour sévir dans les parties de cartes, où il plume son copain Barkley. Il s'offre aussi des virées sur le green. L'une d'elles tournera à l'émeute. Ce jour-là, Chuck Daly s'échappe avec Michael et Julius « Dr J » Erwing pour une matinée au calme dans la ville de Salvador Dali. Arrivé incognito, le trio ne peut plus rejoindre l'hélico. Une grappe humaine a envahi l'appareil, Daly se tourne alors vers Jordan et lui balance : « Je t'apprécie beaucoup, mais c'est la dernière fois que je joue au golf avec toi. » Les adversaires, eux, veulent bien le croiser.

L'Angola en ouverture le 26 juillet inaugure la série « Tu me mates, je souris ». 116-48. Le score acquis, chaque match draine son lot de souvenirs. Clic-clac, les adversaires tiennent tous à garder en cliché ces moments féeriques, où ils bataillent grandeur nature contre des vedettes accrochées en poster dans leurs chambres ! Croatie, Allemagne, Brésil, Espagne, Porto Rico, Lituanie et, pour la seconde fois, la Croatie en finale trinquent.

Bon seigneur, Jordan a marqué 22 points dans l'ultime match et laissé délibérément à Charles Barkley le soin de rafler le titre de meilleur marqueur de l'équipe. « Je suis heureux d'appartenir à une équipe où je n'ai pas le devoir de scorer 40 points par match pour que l'on gagne. » Une équipe qui n'a pas besoin de prendre de temps mort.

Sur le podium, ils s'embrassent. Mission accomplie. Ils sourient. Des enfants en admiration devant leurs cadeaux. Jordan salue la foule quand la Dream Team se rend aux vestiaires. Ils en ressortiront quelques instants plus tard pour recevoir leur médaille. Jordan, Magic et Barkley se drapent dans le drapeau américain. Du plus bel effet. En fait, ce beau geste patriotique masque un différend commercial.

Sur les tenues sont brodés les sigles Reebok, alors que le trio est sous contrat avec une autre marque.

En définitive, l'or olympique est le meilleur moyen pour se couvrir d'argent et s'offrir une célébrité planétaire !

A Barcelone, en 1992, tous les regards focalisés sur lui.

La tentation de la perche.

L'IDOLE DES KIDS

par Armel Le Bescon
Journaliste à Mondial Basket

Des centaines d'autographes par jour…

Mes années basket auront été des jours et des lunes Michael. Elles s'imposaient. Expressément. Mais je ne le saurais que bien plus tard. Nous sommes à la fin des années 80 et, comme Michael, j'étais encore loin d'un premier titre, fût-il dans un journal ou un magazine.

Plus modestement, j'entrais au lycée à Quimper, de l'autre côté de la barrière, comme on dit lorsque l'on a bouclé un cycle universitaire. La bande FM a zappé la génération « Salut les Copains », et les « Tare ta gueule à la récré » font prendre son auteur pour un has-been si on a la chance de mater Canal, grâce à la p'tite boîte magique. Mes élèves sont ceux du collège, des 11-15 ans bercés par Radio Superloustics quand ce n'est pas l'OM de Jean-Pierre Papin qui les endort, la tête près des étoiles.

Nous sommes en Bretagne, terre de foot par excellence, à défaut de Prix d'Excellence, faute de classes compétentes. Alors forcément on rêve ailleurs. Si Luc Besson transporte les petits Bretons dans *Le Grand Bleu*, aucun n'est retors à ce qui sera le sketba de demain. Le playground est un préau, et le « Big Tournament » une version maquillée des 3 x 3 d'aujourd'hui. Je n'ai pas à me battre pour les inciter à jouer, même si dans le cadre d'un projet d'action éducative (PAE en classe de cinquième) je peux difficilement éviter un sujet comme le passage des écluses en canoë sur le canal de Nantes à Brest au profit du basket. Encore que… Sur les murs des classes, la tendance beige « Grand Meaulnes », est victime d'une vaste campagne d'affichage où les posters basket – pardon ! photos basket – masquent les belles images du *Chasse-Marée* et celles du mag *Ar Men*.

Parmi mes purs de durs, j'ai souvenir de Philippe Brinquin, aujourd'hui footballeur professionnel au Stade Rennais et chef d'une bande d'elfes sortis tout droit de la forêt de Brocéliande, pour qui le basket US est une sacrée partie de rigolade. Curieusement, les filles ne sont pas les dernières à suivre le *move*. Mais Quimper, comme beaucoup d'autres, attendra pour faire sa révolution. Que Jordan gagne, que Michael joue en Europe. Des lendemains que je vivrai toujours dans la grande institution auprès de mômes devenus kids sous l'effet de la bombe Jordan.

En fait j'ai changé de crémerie, mais pas de crémier. Qu'on s'appelle Alexandre, Loïc ou Tugdual, nul ne boude son plaisir à parler basket ricain. Parce que c'est la mode Jordan. Celle d'un précurseur qui conduit le basket du troisième millénaire à l'instar de Berthe Morisot ouvrant la voie des peintres impressionnistes. Les kids en bavent. Ce sont les mêmes que je retrouverai dans ces kermesses de 3 x 3 au fil d'un France Basket Tour ou d'un Blacktop, tous dévoués à la cause Michael.

Aujourd'hui encore, je ne suis pas persuadé que le monde des arts ou le milieu intellectuel ait été aussi porteur que Michael. Certes, les kids adorent Alexandre Jardin, Vincent Ravalec, Jean Reno, mais ce basket distillé par Jordan prête sans cesse à discussion. Parce que justement il ne se discute pas. Et, pour ceux que nous avons appelés la *new generation* de Quimper, Rennes et d'ailleurs, c'était sans égal.

Récemment, j'ai revu l'une de mes fortes têtes de collège, un soir de match au Parc des Princes lors d'un PSG-Stade Rennais. Lui était acteur. Moi journaliste. C'est drôle, mais Philippe m'a demandé : « Comment va Michael ? » Je lui ai répondu : « Je n'en sais pas plus que toi… » !

Illustre, le visage de Jordan est aussi célèbre que celui du pape !

SONY
KNR

AIR ZOOM

par

Jean-François Molière

Photographe à *Maxi Basket*

Ma première rencontre avec Jordan a eu lieu à Paris. Dans la salle Géo-André. Plus de 8 000 personnes patientaient dehors, alors que les 2 000 places disponibles étaient déjà occupées. Personne n'avait imaginé un tel engouement, une telle hystérie autour de Jordan.

Ce jour-là, on a frôlé le drame. Plus tard, Michael a confié qu'il avait vraiment eu peur de cette folie de la foule... Ce 1er septembre restera gravé dans ma mémoire et celles de ceux qui avaient eu la chance d'approcher leur idole. Ce sera le véritable début d'une longue histoire d'amour entre Jordan et ses fans européens. De cette première rencontre avec Jordan, j'ai surtout été impressionné par sa beauté et sa classe. Ce qui sera toujours le cas à chaque fois que je l'ai photographié...

Février 1997, All Star Game à Cleveland

La folie autour de Jordan. Toutes les télévisions, tous les photographes se bousculent pour attraper un mot, réaliser une photo dans une forêt de micros, et MJ, au milieu de ce tourbillon, répond, imperturbable, aux questions. Avec le sourire en prime. Au vu d'un tel déferlement, en accord avec la NBA, lors des All Star Game, Jordan ne viendra plus aux interviews organisées pour la presse.

Gatorade
NISSAN
SHARP
STERLING
SEARS DieHard SEARS DieHard SEARS DieHard
UNITED CENTER
CHICAGO BULLS
UNITED CENTER
CHICAGO BULLS

Chicago Tribune
DOUBLETREE
EVEREN
Ameritech

à un match officiel de Jordan. Chicago va l'emporter 89-83. Jordan marquera les derniers points de son équipe. Mais on *le* sentait. Un match NBA a toujours été un spectacle grandiose, mais la présence de MJ sur le terrain rend encore l'atmosphère assez spéciale. Tout le monde sait qu'à tout moment il peut se passer quelque chose de magique, d'unique...

Chicago, le restaurant de Michael Jordan

Pour les fans, ce lieu magique n'est pas seulement un restaurant. C'est un véritable musée, un lieu de pèlerinage incontournable à Chicago. On y va pour rendre hommage au maître des lieux.

4
NBA
TITLES
2
OLYMPIC
GOLD
MEDALS
23
ROOKIE
OF THE
YEAR
DRIVE FOR 5 BEGINS HERE
CHAEL JORDAN'S
RESTAURANT

JORDAN
NIKE
NBA Games

LA MARCHE FINALE

Aéroport de Chicago, 1991 :
Jordan rapporte enfin le premier trophée des Bulls.

Ascension vers la gloire pour Michael, Magic Johnson est scotché au parquet.

BULLS
54

Chaque début de saison à Chicago provoque sa petite montée de fièvre spéculative. On soupèse à l'évidence les chances des Bulls. On mesure la capacité de Jordan à faire changer le standing de sa franchise. A l'heure des playoffs, les portes se referment inexorablement. Brutalement. Les Cavaliers et les Pistons détiennent le code secret du digicode qui bloque les Bulls. Jordan s'impatiente : « C'était frustrant et difficile à accepter. Tout ne marchait pas bien. Je culpabilisais. Comme tout le monde, j'avais de grandes ambitions, mais aux Bulls on vivait dans une période de transition. »

Jordan apprend à se mouvoir dans la *triangle offense*.

Saison 1988-89. Phil Jackson, 49 ans, nouveau coach, accepte de tester les préceptes de son assistant Tex Winter, la fameuse *triangle offense*. Fils d'un prêcheur, Phil Jackson a grandi au fin fond du Montana, joué au basket dans le North Dakota et aux Knicks de New York. A Big Apple, Phil a fait partie de la campagne championne NBA en 1973. Imprégné de la culture hippie, Jackson est cool et très relax. Il impose une philosophie de la vie dans laquelle le basket n'est qu'une infime part parmi des choses plus importantes.

Soliste, Jordan apprend à se mouvoir dans ce schéma de la *triangle offense*. Ce vieux schéma offensif, hérité des systèmes d'attaque universitaires, oblige les cinq joueurs sur le terrain à se déplacer en fonction de la position de la balle. Complexe. Tout à l'opposé de l'utilisation systématique du défi en un contre un prôné sur les parquets pros.

En deux saisons, Michael a le temps de se faire une raison : « Notre style avait complètement changé. J'étais vraiment opposé à ce schéma. J'estimais que ce système mettait trop de pression sur nos intérieurs. » Il s'agissait de Horace Grant et Bill Cartwright, qu'en certaines occasions, pour ne pas dire fréquemment, Jordan traite de tocards ! Dans cette ambiance de mutinerie, Phil Jackson, moustache frétillante, fait jouer tout son charisme et son côté zen.

Un matin, une confrontation houleuse se déroule dans le bureau du coach. Phil Jackson : « J'ai dit à Michael que la balle est comme un spot lumineux. Quand elle est dans tes mains, la

Le coach Phil Jackson a su transformer le jeu de Jordan.

BULLS
23

défense est attirée par cette lumière. Tu dois la partager avec tes autres coéquipiers pour qu'ils se sentent plus concernés. » Réplique de Mike : « Coach, je le sais. Seulement, quand il faut conclure l'action, marquer le panier décisif, j'ai l'impression que chacun refuse de prendre l'initiative. C'est encore à moi de le faire. Alors c'est difficile à accepter. » Compromis. Promesses d'efforts réciproques.

Saison 1990-91. Au terme de la partie régulière, Jordan est encore le leader offensif de la Ligue, pour la cinquième fois de suite (31,5 points) et, pour la deuxième fois, MVP. Mais quelque chose a changé. Ses moyennes de rebond (6) et de passes décisives (5) ont augmenté. Il n'est plus seul. Scottie Pippen, qui a joué 3 014 minutes, et tourné à 18 points, 7 rebonds et 6 passes décisives, mène une armée revancharde de lieutenants, parmi lesquels figurent Horace Grant (12,8 points, 8,4 rebonds), John Paxson, le flingueur (8,7 points). Le taureau sait charger. En attaque comme en défense.

MJ, la langue tirée, trompe les défenseurs adverses.

Leader offensif de la Ligue, pour la cinquième fois de suite.

Un soir Cleveland doit se contenter de 5 points en un quart-temps. Galvanisé par le Chicago Stadium, vieil antre bruyant, les Bulls y tétanisent leurs adversaires et enchaînent 30 victoires d'affilée. En février, sur 12 matches ils ne connaissent qu'une seule fois la défaite. Graig Hodges remporte le concours de tirs à 3 points du All Star Game. Mieux, Chicago bat sa bête noire, les Pistons à Detroit. 61 victoires-21 défaites. Les Bulls sont champions de la Conférence Est.

Longue étreinte avec Magic Johnson.

Playoffs 1991. Chicago, d'entrée, donne le tempo. Dès le premier match, les Knicks ont 41 points dans la vue et sont balayés (3-0). Charles Barkley déboule avec ses Sixers de Philadelphie et reçoit sa dose : 4-1. Et enfin les Pistons, pour la dernière séance à l'est. Dramatique. Les Bulls ridiculisent les champions NBA en titre lors des trois premiers matches. Euphorique, Jordan annonce un *sweep*. Réponse furieuse de Thomas : « Nous gagnerons au moins un match dans cette série. » Le lendemain, dans leur salle, humiliation suprême, les Bad Boys quittent la scène sans même prendre le temps de serrer la main de leurs adversaires. 4-0. La dernière marche avant la gloire est à l'ouest. Magic contre

Showman brillant, il est à lui seul un spectacle permanent.

BULLS
23
SHARP

Jordan. Los Angeles contre Chicago. On ne pouvait rêver mieux pour un sacre.

Chicago Stadium. Les Lakers enlèvent le premier match 93-91, sur un tir primé de Sam Perkins. Ce sera leur unique victoire de la série. Jordan, qui avait encore l'occasion de jouer le héros dans ce match, verra sa dernière tentative rejetée par le cercle. Le deuxième match est celui de la consécration d'une méthode. Celle que Phil Jackson s'est employé à dicter à son équipe chaque jour depuis douze mois. Chicago s'impose 107-86.

Le cinq de départ combine une réussite aux tirs ahurissante de 73 %, John Paxson, 16 points (8 sur 8 aux tirs). Jordan – 33 points, chiffre de la résurrection – avait un viseur dans l'œil et l'équerre dans les bras. 15 tirs sur 18 tentés. Les Lakers sont confiants avant d'aborder les trois prochains matches à LA. Un séisme les attend. Ils l'ignorent.

« J'ai vu des larmes dans son regard », dira Magic.

Chicago a la pression. Jordan n'a jamais été aussi fort que dans ces moments. Il dégoupille un tir à 3,4 secondes de la fin de la troisième rencontre et envoie les deux équipes en prolongations. Chicago prend la main. 104-96. 2-1. Chicago a caché l'arme redoutable qui deviendra son artillerie lourde : sa défense.

Dans ce quatrième match, l'attaque des Lakers est à la diète. 37 % de réussite. 97-82. « J'ai vécu le plus terrible cauchemar de ma vie », soupire Magic.

Match 5. Tout est en place pour le sacre. Les Lakers ont renforcé la surveillance sur Jordan. Lui se contente de servir ses partenaires. Paxson dégaine à cinq reprises et totalise 20 points. Pippen cavale et amasse ses 32 points. Pour la première fois en dix-sept matches de playoffs, Jordan n'est pas le meilleur marqueur des Bulls. Pour la première fois, il est champion NBA. L'étreinte qu'il reçoit de Magic Johnson est longue et émouvante. « J'ai vu des larmes dans son regard », dira Magic. Son père et sa femme sont à ses côtés.

A l'hôtel, au Ritz Carlton, John Ligmanowski, intendant des Bulls, essaie de commander du Dom Pérignon pour 40 personnes entassées dans la chambre de Jordan. Il se fait rabrouer avant que Mike ne remette d'une voix autoritaire le barman à sa place.

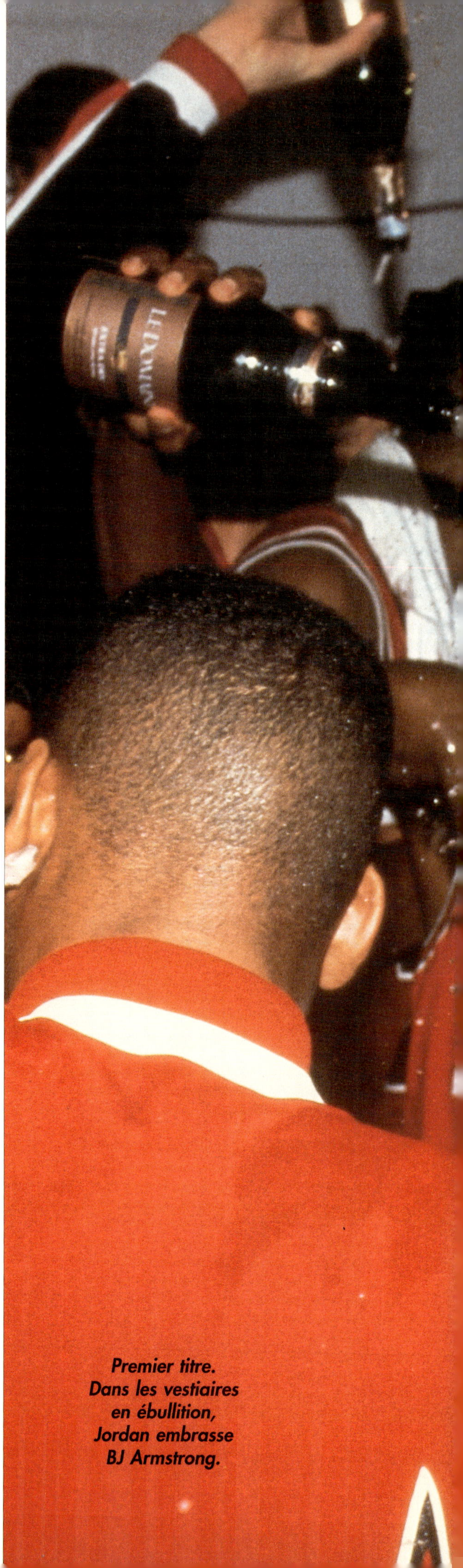

Premier titre. Dans les vestiaires en ébullition, Jordan embrasse BJ Armstrong.

Il est « The Boss ». Les couloirs de l'hôtel deviennent une vraie piste de danse. A 23 heures, Jordan, toujours dans sa tenue de match, s'y pavane. Heureux. Le lendemain, les Bulls ont rendez-vous au Grant Park de Chicago. Un demi-million de personnes en transe attendent les héros. Les applaudissent et les saluent. Ils se donnent rendez-vous dans 12 mois. Une tradition est née. L'Amérique la découvre, éberluée !

Même George Bush, le président, les reçoit à la Maison-Blanche. Scandale, Jordan ne se pointe pas à cette « Rose Garden Party ». Sam Smith, un reporter du *Chicago Tribune*, sort un brûlot : les Jordan Rules. Le titre inspiré de la légendaire défense des Bad Boys sur Michael est un réquisitoire implacable. Jordan n'est pas un ange. Surtout pas avec ses coéquipiers.

Accusé d'être la « gorge profonde » de l'auteur, Horace Grant se brouille avec Sa Majesté. Égratigné, Jordan vit mal cette situation. A Utah, dans un match serré, à la troisième prolongation, il est sorti après avoir bousculé un arbitre. Inhabituel. La conquête d'un deuxième titre s'annonce délicate.

Un livre,* Les Jordan Rules, *l'égratigne.
L'autre,* Hang Time, *le sanctifie.

Finale 1993, il tourne à 41 points par match : Barkley admiratif.

Horace Grant se brouille avec Sa Majesté. Égratigné, Jordan vit mal cette situation.

Chicago réalise pourtant l'une des meilleures saisons de son existence (67 victoires et 15 défaites), Jordan ramasse son sixième titre de meilleur scoreur et le troisième de MVP. En playoffs, Jordan s'échauffe contre les Heat de Miami : 56 points, 3-0. Next. New York, désormais coaché par Pat Riley, a hérité des méthodes des Pistons. C'est musclé. Jordan s'en sort avec des hématomes et une victoire dans la septième et ultime rencontre. Cleveland est balayé 4-2.

Les Bulls sont au rendez-vous. Une nouvelle fois. Jordan contre Drexler. Jordan contre Portland, cette franchise qui l'avait snobé. L'estocade est portée dès le premier match. Jordan marque 35 points en une mi-temps, dont six tirs primés. « J'étais dans la zone. Je ne savais plus ce que je faisais, mais tout rentrait. » Portland vacille dans le sixième match au Chicago Stadium. 4-2. Depuis 1963 et le sacre des Bears, aucune franchise de Chicago n'a enlevé un titre à la maison.

Jordan, plus proche de ses coéquipiers, calme Scott Williams.

Jordan peut se percher sur une table. Les Bulls ont remonté un handicap de 17 points sans lui – il reviendra à 8 minutes de la

BULLS
42
BARKLEY
34
BULLS
5

fin pour conclure. Victoire 97-93. Si le premier titre était un sacré souvenir, le deuxième ouvre les portes à tous les inventaires. Chicago sera l'équipe des années 90. Comme les Celtics l'ont été dans les années 60 et les Lakers dans les années 80.

L'odyssée des Bulls passionne. 1993. Jordan admet une certaine monotonie dans les objectifs. On le comprend. Avec 57 victoires, les Bulls raflent le titre de la division, il égalise le record du monumental Wilt Chamberlain, en enregistrant son septième titre d'affilée de meilleur scoreur. Mieux encore, le 8 janvier, Jordan franchit le cap des 20 000 points marqués dans une carrière. En 620 matches ! Chicago remporte 57 succès. La quatrième saison totalise plus de 50 victoires. Atlanta Hawks, les Cleveland Cavaliers et les Knicks de New York, de plus en plus brutaux, sont décapités en playoffs.

Chicago prépare les festivités dans la peur.

NBA Finals 1993. Phoenix-Chicago. Les Suns ont l'avantage du terrain et la grande gueule de Barkley. « A part Jordan, il n'y a aucun joueur aussi compétitif que moi dans cette ligue », clame-t-il. Chicago remporte les deux premiers matches à Phoenix. Et peut conclure avec les trois manches à venir à « Bulls City ». Erreur. Phoenix se réveille lors du Game 3 (129-121). Jordan, 55 points, entretient la flamme. Plus qu'un match. Chicago prépare les festivités dans la peur. En cas de victoire, la ville peut s'embraser.

Ce match 5, les Suns se l'attribuent et peuvent conclure la série chez eux. En montant dans l'avion pour l'Arizona, Jordan, qui avait menacé ses coéquipiers, avant le match 5, de ne pas faire le voyage avec eux, est radieux. Il arbore un énorme cigare et les apostrophe : « Hello, World Champs ! » Ce triplé ne demande qu'à s'offrir à lui. Ce sera le cas au terme d'une terrible bataille et l'exécution de John Paxson à 5 secondes de la fin. « Dès qu'il a pris le tir, je savais qu'il allait le mettre », avoue un Jordan au sommet de son art. Sur cette finale, Michael a tourné à 41 points par match.

Depuis Rick Barry en 1967, personne ne s'était hissé à un tel standing à ce stade de la compétition. Jordan est au sommet. Tout seul. Il ignore alors que le destin va le frapper. Et lui imposer la plus terrible des épreuves...

Deuxième titre des Bulls, le premier à Chicago. Le Stadium explose avec Mike.

BULLS
23

En s'éloignant des parquets en 1993,
il transmet le relais
à Scottie Pippen et Toni Kukoc (à dr.).

PLEURE PAS, TONI

par

Jean-Luc Thomas

Journaliste à *L'Équipe*

D'abord, s'impose le réflexe pavlovien de la précision : archives, dates, lieux, statistiques, perfs… Et, aussitôt après, l'envie – pour une fois – d'écrire dans l'imprécision chaleureuse du souvenir. Car ce que je garderai de Michael Jordan, outre la magie d'une élégance suspendue entre ciel et terre, c'est combien il fut – il demeure – immense dans le regard de ses pairs.

C'était l'automne sur Chicago. Début novembre 1993, un petit mois après la retraite ultra-médiatisée que l'on sait, la première. La neige fondait dans les fossés sous un ciel radouci, parfaite métaphore de l'espérance anéantie des supporters des Bulls. Nous avions, Michel Deschamps – photographe avec qui je partageais ce reportage pour *L'Équipe* – et moi, un peu galéré dans la grisaille des banlieues chicagoannes pour rejoindre le centre d'entraînement des triples champions NBA. Nous avions rendez-vous, après l'entraînement du matin, avec Toni Kukoc, dont les grâces d'échassier et la patte de velours avaient, depuis 1989, ravi l'Europe des paniers.

On nous l'avait changé, Toni. L'échassier avait gagné une paire de bajoues aussi suspecte que sa nouvelle largeur d'épaules pour affronter la NBA. Les Américains, confits dans leurs méthodes, avaient pris le cygne pour un poulet de batterie. Certes, sous les paupières un peu tombantes, luisaient toujours ces prunelles mi-méfiantes, mi-amusées qui deviennent sur le terrain des lecteurs-lasers à trouer les blindages défensifs les plus épais. Je regardais Michel Deschamps photographier Kukoc en songeant que ces yeux-là avaient pleuré. Les gazettes s'en étaient fait l'écho : oui, à l'annonce de la retraite de Michael Jordan, dont l'intéressé avait réservé la primeur à ses coéquipiers, Toni Kukoc avait fondu en larmes.

Michel Deschamps fit des portraits de l'ancienne « Panthère rose » – son surnom à Split – ralliée au signe du Taureau dans l'entrée du Berto Center. Toni, qui s'installait à peine dans un nouveau logement, devait ensuite aller acheter des meubles avec son épouse. Le temps pressait pour l'entretien qu'il nous avait accordé. Il proposa que je m'installe dans sa voiture, cela nous laisserait bien quarante minutes, le temps d'aller chez lui, et Michel nous suivrait…

Ainsi fut fait. Je l'interrogeais, il répondit sans emphase, avec la réserve que je lui connaissais depuis Split. Il en vint spontanément au retrait de Michael Jordan, sur le même ton de courtoisie. Son profil, pourtant, se fit plus sombre, son propos plus torturé entre la volonté de reconnaître toute sa légitimité au départ de « MJ » et le regret obtus de ne pouvoir partager le parquet avec lui.

Pour ma part, je n'avais eu qu'une seule fois l'occasion d'une conversation au calme avec Jordan, lors de sa deuxième venue en France. Le temps d'un déjeuner où, bien évidemment, son charisme s'était imposé à tous sur un ton d'évidence. Observant ce Toni Kukoc qui lui en voulait tant de partir au moment où il débarquait parmi les Bulls, je revoyais le visage de Michael Jordan, élégant carnassier, et derrière, le profil désemparé du Croate. Ainsi, un des plus grands artistes du basket européen tentait de m'expliquer que Michael avait eu raison contre le monde entier mais tort contre lui, Toni, qui aurait tant aimé… Et je vis là comme un enfant fait le deuil de son premier rêve.

Il s'avéra que Michael revint, bon prince, revint lui en proposer un autre. Ils conquirent trois nouveaux titres ensemble.

Détendu dans les vestiaires, MJ attend son tour de soins.

LE CERCLE DES INTIMES

Ahmad Rashad, journaliste célèbre, est l'un des meilleurs amis de Mike.

De toute la famille Jordan, Deloris, la mère, sera la dernière à apprendre la nouvelle de la retraite de son fils, le 6 octobre 1993. Et pour cause. Deloris est au fin fond du Kenya. Dans ce continent africain que son fils rêve de découvrir, elle a parrainé un safari pour de jeunes lycéens, membres de la « James Jordan Foundation ». Une association de charité fondée par Michael et portant le nom de son père décédé dans des conditions tragiques.

James était de tous les bons coups de Mike. Ami, confident, conseiller, il assistait au maximum de matches de son fils et parfois l'accompagnait dans ses virées au casino. Familier des joueurs qu'il décontractait par son humour, ceux-ci le lui rendaient bien en lui donnant un surnom : Pops. Affecté par la mort de ce dernier, Michael sera surtout blessé par les spéculations liant ce décès à ses démêlés avec des personnages peu recommandables. Jordan est un joueur invétéré qui parie sur tout. Aux cartes, au casino, sur les practices de golf.

James « Pops » et Deloris, en spectateurs attentifs.

Jordan est aussi une star qui attire parfois des gens peu recommandables, traîne des dettes de jeu, signe des chèques à des parieurs peu scrupuleux. Au point de provoquer une enquête de la Ligue. Si fier d'incarner les valeurs profondes de l'Amérique, le talent, le travail, le respect, MJ ne supporte plus le reflet que les médias, qui l'ont tant encensé, donnent de lui, sans aucun respect pour sa douleur d'orphelin. Il est déboussolé, victime des limites du star-system. « Je n'y crois pas ! » s'écrie Deloris, en lisant la dépêche du *Daily News* de Nairobi.

Elle réalisera vraiment le 1er novembre 1994. Jordan, taillé dans un costard bleu, entouré de ses deux fils Jeffrey et Marcus et de sa fille Jasmine, hisse son maillot 23 vers les plafonds du United Center, la nouvelle, coquette et ultramoderne salle des Bulls, palace édifié avec le bénéfice de ses exploits. Cette cérémonie émouvante couvre Chicago d'un voile de tristesse. Dehors, on lui érige une belle statue. Avec une plaque qui clame : « Le meilleur qui ait existé, le meilleur qui existera à jamais. » Chicago

Loin des parquets, il s'éclate au base-ball par plaisir du jeu.

doit apprendre à se priver de cette icône qui se consacre désormais à sa vie de famille et à la poursuite d'un vieux rêve : faire carrière dans le base-ball, malgré un salaire annuel de clochard fortuné, 10 000 dollars. Il passe du camp des White Sox à celui des Birmingham Barons et des Scottsdale Scorpions. Les voyages en bus sont des excursions. Il peut y amener sa famille, et voir ses enfants grandir auprès de sa femme, Juanita.

En février 1985, à Chicago, quand Jordan a rencontré Juanita Vanoy, top-model locale toujours élégante, il ignorait que cette femme allait changer son existence. Ce ne fut pas le coup de foudre. Jordan digérait encore une déception. Il avait l'œil sur Robin Givens, mais celle-ci devint l'épouse de Mike Tyson.

Au cours d'une fête, un ami commun lui présente Juanita. De quatre ans son aînée, elle n'est pas du genre groupie. Contrairement à la rumeur, elle n'est pas l'hystérique qui s'est jetée sous les roues de la voiture de Jordan alors que ce dernier quittait le Stadium. Mike craque : « Son besoin d'indépendance m'a séduit.

Jerry Seinfeld, le célèbre acteur, captivé par Jordan.

Dans sa résidence, qui comprend deux courts de tennis, deux salles de basket et dix suites, il aime se reposer.

Elle avait un job et ne voulait dépendre de personne. » Surtout pas de cet apprenti pro des Bulls qui lui envoie des fleurs à chaque fois que l'équipe est en déplacement. De cette romance naîtra un premier enfant, Jeffrey Michael Jordan. Dix mois plus tard, le 2 septembre 1989, à Las Vegas, Juanita et Michael se marient.

Mike ne manquera jamais de témoigner fidélité et affection à la mère de ses trois enfants, Jeffrey, Marcus et Jasmine : « Juanita sait tenir la baraque, éloigner les opportunistes. » Et lui permettre de profiter de sa garde juvénile : « J'aime jouer avec eux. » Dans sa luxueuse maison, où il a installé un espace de jeux, il se livre à des parties de basket mémorables avec Jeffrey et Marcus. Seule Jasmine, en se nichant sur les cuisses de « daddy », est alors capable de stopper ces joutes interminables : « La naissance de ma fille m'a rendu plus sentimental. » Et toujours fidèle.

Mike adore le jeu de cartes sous toutes les formes avec ses complices Ron Harper et Scottie Pippen.

6 octobre 1993. Entre Jerry Reinsdorf et Juanita, Jordan annonce sa retraite. Un choc !

EXIT

Son fidèle agent, David Falk, négociateur particulièrement redoutable et efficace.

James Jordan avait coutume de répéter que, chaque année, il découvrait 5 000 membres supplémentaires de sa famille. Mais le cercle intime de Michael Jordan est très restreint et dévoué. A côté de David Falk, l'agent de toujours, il y a Tim Grover, le préparateur physique personnel, grassement payé pour entretenir les rouages d'un corps dur au mal, George Koehler, le bodyguard et chauffeur, puis Gus Lett, la soixantaine trempée, l'ombre de Mike.

« Je vois chacun comme un être et non comme un Noir ou un Blanc. »

Chacun d'eux a une histoire particulière. Koehler, par exemple, l'explique : « Je ne suis pas seulement son chauffeur, mais aussi son esclave. » Koehler, ex-chauffeur de limousine, est la première personne que Jordan ait rencontrée à son arrivée à Chicago. Depuis il ne s'est consacré qu'à un seul volant, celui de Mike. Une amitié au-delà de la couleur de la peau. Tout un symbole pour un Jordan qui a grandi en pleine tension raciale, en Caroline du Nord : « La meilleure leçon que j'ai retenue de mes parents est de ne jamais juger quelqu'un sur la couleur de sa peau. Je vois chacun comme un être et non comme un Noir ou un Blanc. C'est sans doute pour cette raison que j'ai été accepté par des gens de différentes races. Ils perçoivent cette affection des autres en moi. »

Jordan et le révérend Jesse Jackson.

On ne pénètre que rarement dans le cercle privé de Mike. Son amitié le poussera momentanément hors du cadre douillet de sa retraite de basketteur. Il réalise une apparition céleste le 9 septembre 1994, dans le cadre du Scottie Pippen Classics, un match de charité organisé par son coéquipier, devenu un inséparable ami. Jordan, qui n'a pas foulé un parquet depuis dix mois, vole la vedette aux autres stars de la NBA et compile 52 points.

Il quitte la salle en déposant un tendre baiser sur l'énorme logo du club, en plein rond central. Un soir, en revenant d'une partie de base-ball, il trouve Marcus et Jeffrey dans un partie de basket acharnée. Spectateur-arbitre, il entend un de ses fils se surnommer en hurlant : « Je suis Shaq[1]. » Jordan s'émeut : « Mais pourquoi ? » Son fils réplique : « Parce que c'est le meilleur joueur de basket. » Jordan s'emballe : « Non. Je suis toujours le meilleur. » Il reviendra pour le prouver. Comme un jeu !

Avec Larry Johnson, Pat Ewing, Shawn Bradley, Tyrone Bogues et l'inséparable Barkley lors du tournage de Space Jam.

1. Shaquille O'Neal.

PÈLERINAGE A CHICAGO

par
Fred Lesmayoux
Rédacteur en chef de *Mondial Basket*

Il était une fois un petit reporter, bombardé un soir de février 1993 sur Chicago. Tintin au pays du basket !

Mission : aller voir jouer l'idole des kids en servant de GO à cinq de ses plus fidèles lecteurs. Imaginez un peu le privilège ! Se rendre à Chicago comme on va à Jérusalem, La Mecque ou Rome, pour applaudir son dieu en chair et en muscles... en compagnie d'une bande de pèlerins mégadéchaînés, coiffant leur cervelet d'une casquette à l'envers. Cédric, Franck et ses potes ne tiennent déjà pas en place au décollage à Roissy.

Que dire dix heures plus tard de l'atterrissage à O'Hare ? Pour la visite culturelle, on repassera. Notre Louvre à nous s'appelle Nike Town, notre Grand Palais Chicago Stadium, nos tableaux sont bien vivants, et les miracles, Monsieur, ici, c'est tous les soirs !

Ici, man, t'es à la limite du ghetto. Dur, sombre, craignos. Tu t'enfermes dans le Voyager sur le *highway to paradise*. Tu montres patte blanche, ton ticket introuvable bien calé entre les dents. Ta casquette tu la gardes sur le crâne, ta joie tu la craches, t'es au pays du basket.

Ta grande messe, c'est ça, une communion cacophonique qui sort du ventre, t'irrite les rétines, te rougit la paume des mains. La sono à donf te file le frisson, les sunlights s'éteignent. T'es dans l'obscurité mais la lumière va jaillir. Le 23 from North Carolina est là. T'as beau être journaliste, face à lui, t'es comme tes lecteurs : fan... fidèle... adepte ! Cédric « n'y croit pas », Franck balance un « putain » d'admiration, Philippe tente une photo. Elle sera floue. Qu'importe : ses potes du bahut vont en faire un héros. Lui, il a vu Jordan à Chicago !

Moi, j'ai ma mission à remplir et c'est vrai que pour recueillir des notes très professionnelles, j'avoue avoir le stylo qui tremble et l'œil fixé uniquement sur le phénomène. Quand MJ n'a pas le ballon, il propose des solutions, défend, anticipe. Je suis haut perché dans le Stadium et pourtant je « sens » son regard.

Nous sommes en saison régulière, lors d'un match « quelconque » contre Cleveland, mais ce mec-là est un gagneur. Même sur le banc, je l'observe. Il plaisante avec un partenaire le temps de souffler et se replonge instantanément dans le match. Il revient, il gagne. Descente aux vestiaires.

Je ne fais pas forcément le fier mais je sais que je vis mon rêve. J'ai déjà écrit des tartines sur MJ, l'ai suivi en 1992 aux JO de Barcelone, mais là, il est chez lui, ce n'est plus tout à fait pareil. Il a ses repères, je n'ai pas tous les miens. Au coude à coude avec les plus grands médias américains, je m'approche le plus possible de Sa Majesté déjà douchée, déjà costumée. Je laisse NBC faire son boulot, la presse écrite l'interviewer et les Japonais se gausser.

Je me lance. « Mike, un petit mot pour les Français... » Très pro, il me répond, qu'il « aime la France, qu'il salue ses fans et qu'il compte bien gagner encore des titres ». J'ai toujours en ma possession cette cassette. Je me tire, satisfait du devoir accompli et me plante dans les coursives du Stadium. J'ai rendez-vous avec mes kids, non accrédités aux vestiaires. Je suis perdu dans les sous-sols et, par hasard, je me retrouve à nouveau nez à nez avec Jordan.

Entouré de deux mastoques « tysonnés », il rejoint le parking. En me croisant, il me balance un clin d'œil et me souhaite un bon séjour. Je reste planté. Je ne sais plus si je suis journaliste ou fan. Au loin, ça s'agite. La sécurité entre en action. L'étoile file, au bout du couloir. Il est grand, beau, classe. Il baisse une dernière fois la tête pour passer la porte et s'engouffre là-bas... Je rejoins mes gamins. Il n'y aura pas de nuit. Tous dans ma piaule d'hôtel, on refait le match, le plein d'émotions et déjà de souvenirs. J'anime les débats autour d'un plateau repas acheté à deux blocs d'un vaste resto en construction, le Michael Jordan's Restaurant. Je reprends mes esprits, je redeviens journaliste. Demain, mon rédac chef attend mon papier. Ce sera du live, coco.

Sûrement celui dont je suis le plus fier, sûrement celui qui a définitivement scellé ma foi !

Lauréats d'un concours Mondial Basket, de jeunes Français en procession à Chicago.

CRÉSUS MIKE

Jamais un sportif n'a autant attiré la lumière sur lui. Jordan est l'athlète le plus riche du siècle !

6 98

North Carolina. Été 1984. Mike, nouveau drafté, possède encore sa chambre sur le campus. Il doit déménager. Un soir, il revient tard. Cogne à la porte de son pote Buzz Peterson, coéquipier de ses débuts en 1981 chez les Tar Heels.

« Hey Buzz, je te conseille d'acheter des actions Nike. Ils vont donner mon nom à une paire de chaussures. »

Buzz juge ce canular un peu gros. Et réplique : « Magic Johnson, Larry Bird et Dr J n'ont pas eu ce privilège. Toi, tu penses l'avoir ?... »

Popularité, gloire et argent. Buzz ne se doute pas que son copain va bouleverser l'industrie du sport.

La première paire de baskets de Mike est un vieux modèle rénové...

Lycéen, Jordan jouait en Adidas.

Avant Michael Jordan, le plus gros revenu des joueurs provenait de leurs salaires de club. En 1985, un petit événement révolutionne les habitudes. Michael Jordan et son nouvel agent, David Falk – qui travaille alors chez Proserv –, font le tour des équipementiers.

Lycéen, Jordan jouait en Adidas. Universitaire, il portait des Converse. Pro, il espère que la marque aux trois bandes va lui ouvrir ses portes. Il ne voit rien venir.

Chez Nike, jeune firme de Beaverton dans l'Oregon, on s'étonne des prétentions de l'agent. Falk ne se contente pas d'un contrat, il réclame un accord bien spécifique : que la chaussure soit au nom de son joueur.

Pour une proposition identique, Converse a ricané sous le nez de sa plus grande star, Magic Johnson. La marque est plus impor-

Toujours élégant, Jordan a un faible pour les costumes italiens.

Tous les sponsors de Mike se livrent une guerre de créativité incroyable !

tante que le joueur, pense-t-on. Pire. Chez Nike, on s'interroge à haute voix : « Que faire d'un basketteur noir ? » Très (ou trop) prudente, la marque signe un contrat avec des clauses particulières de compensation si les ventes n'atteignent pas un minimum fixé et si Michael Jordan, dans les trois prochaines années, n'est pas sélectionné à un All Star Game.

Bienvenue aux « Air Jordan », ravalement de façade d'un modèle éprouvé. La première mouture, en rouge et noir, est interdite par la NBA. Qu'à cela ne tienne, Nike, précurseur d'un marketing moderne, se jette sur l'aubaine et confectionne un clip à la gloire du rookie. Le modèle interdit est dissimulé à l'écran mais... dévalisé dans les boutiques. Quand les analystes financiers dressent le bilan au terme de la première année, ils n'en reviennent pas. Il s'en est vendu pour plus de 100 millions de dollars !

La légende de Crésus Mike peut commencer. La liste de ses partenaires s'allonge au fil des ans. La renommée du phénomène ne cesse de croître en proportion avec ses exploits sur le parquet. Outre Nike, Gatorade, WorldCom (téléphone), Bijan Fragances (eau de Cologne), Wilson (équipement sportif), Sara Lee (Hanes, etc.), Wheaties (céréales), Rayovac (chargeur de batterie de voiture), etc., s'associent au fil des saisons au phénomène Jordan.

Toutes ces sociétés voient leurs chiffres d'affaires épouser la courbe de performance de Jordan. Vers le haut. Avec pour image, un logo – le fameux « Jumpman » – qui symbolise désormais la griffe Jordan.

Mike a collaboré à la conception de ce modèle, dont le design s'inspire d'une Ferrari !

Bugs Bunny et Mike associés,
ça donne Space Jam,
qui crèvera des plafonds au box-office.

Le spot légendaire de Gatorade
« Be Like Mike ».

Au bout de sa troisième saison, Michael, après une renégociation de son contrat avec Nike, reçoit désormais un revenu beaucoup plus important de ses sponsors que des Bulls. Les conditions d'exploitation de son image sont claires : un contrat annuel minimum de 1 million de dollars, une durée de cinq ans et un intéressement aux bénéfices.

Chaque événement dans sa carrière est un test de créativité pour ses partenaires, qui rivalisent d'imagination et d'achats d'espaces publicitaires télé, radio, journaux. On l'associe avec les personnages les plus célèbres du show-business. Nike sollicite le réalisateur Spike Lee pour concevoir des spots délirants.

Le célèbre chanteur Michael Jackson écrit une chanson, *Jam*, en son honneur et l'invite dans le clip. Dans une pub, Bugs Bunny révèle qu'en fait il est Michael Jordan déguisé en lapin. Bugs ignore alors que, quelques années plus tard, il aura Jordan pour partenaire dans *Space Jam*, un mégasuccès au box-office. Plus de 2 millions d'entrées rien que sur la France.

Gatorade lance sa mode « Be Like Mike ». Octobre 1993, quand Jordan annonce sa retraite, c'est la panique à Wall Street.

Les actions des principales compagnies qui utilisent son image en abondance chutent brutalement. Dix-huit mois plus tard, des rumeurs évoquent son retour sur les parquets. McDonald's lance un spot télévisé où un Jordan, joueur de base-ball, apostrophe un Jordan basketteur : « Tiens, je te croyais à la retraite ? »

Son retour provoque une véritable hystérie collective, les actions flambent de nouveau. La valeur boursière de Nike, Gatorade et autres sponsors effectue une progression vertigineuse. Son sourire est aussi accrocheur que vendeur. Pour mesurer sa popularité, le *Chicago Tribune* réalise un sondage à Bali, en Indonésie. La photo de Mike est identifiée instantanément par plus de 95 % de gens. En Chine, il est le deuxième personnage le plus populaire, le premier étant un leader politique. Magazines, livres – plus de 70 à ce jour –, restaurants, tous les produits imaginables peuvent se décliner avec le label « Jordan ».

Déguisé en cow-boy, Jordan est l'Américain le plus populaire.

Sa vidéo a été vendue à plus de 3 millions d'exemplaires.

Son charisme est plébiscité par les fans. A Chicago, on se frotte les mains. Depuis 1987, les Bulls ont toujours joué à guichets fermés, pendant 542 matches consécutifs ! Un rituel s'est instauré dans les vestiaires des stades où Jordan se déplace.

Avant chaque match, Mike met des billets à la disposition de jeunes handicapés.

Avant chaque rencontre, il passe quelques instants avec des handicapés et des enfants malades. Parfois, certains d'entre eux sont en phase terminale. Et leur ultime vœu est de le rencontrer. Jordan leur parle calmement. Gentiment. Et à leur départ on le voit l'œil humide, la gorge nouée d'émotion. Cette sensibilité se ressent dans ses apparitions publiques. Et dans ses affaires aussi. Rookie en 1984, il accepte de faire une pub gracieusement pour un concessionnaire de Chevrolet chez qui il se rend souvent. Depuis il se plie à ce rituel chaque année. Sa vidéo, *Come Flight With Me*, a été vendue à plus de 3 millions d'exemplaires. Un record mondial.

Jordan est attentif à tout : le design, le prix et la marge brute de ses produits. Chez Nike, avec qui il est lié jusqu'en 2020, il a réussi à créer sa propre marque au nom simple : Jordan. Ses propres produits portent le logo du « Jumpman ». Il veut en faire une mode urbaine, comme Tommy Hilfiger ou Lacoste, et une mode sportive, à l'instar des Nike ou Adidas.

Il contrôle aussi le script de ses pubs. Il aime que l'image reflète une certaine réalité. Dans une pub Nike récente, il quitte la salle à la mi-temps, se métamorphose en patron, file au bureau, prend des décisions avant de revenir sur le parquet à la reprise. Prémonitoire.

En 1997, quand les Bulls lui offrent un salaire record de 30 millions de dollars, il en gagne plus du double avec ses sponsors et ses diverses rentrées personnelles. *Forbes*, l'un des magazines américains les plus compétents, a estimé que Jordan, en 13 ans de carrière, avait rapporté plus de 10 milliards à la Ligue.

En témoignage de reconnaissance, on prête à la NBA l'envie de remplacer la silhouette de Jerry West qui orne son logo depuis deux décennies par la sienne, pour y mettre le « Jumpman » de Mike.

Entre Mike et Jerry Krause, le general manager des Bulls, les négociations n'ont pas toujours été sereines ni faciles.

Il contrôle aussi le script de ses pubs.

Juin 1998. A Hollywood, on ne tergiverse plus. Fox Family Channel, qui prépare un film sur sa vie, a passé une petite annonce dans un journal : recherche de jeunes garçons pour incarner Michael Jordan. Le Near Wet Side Gymnasium a vu plus de 1 000 gamins débarquer, pour la première d'une audition qui va faire le tour des États-Unis.

Au bout du compte il n'y aura que trois candidats retenus pour se glisser dans la peau de *Michael Jordan, histoire d'un héros d'Amérique*. Et d'un tiroir-caisse formidable.

Le vertige des chiffres

Si une évaluation exacte du patrimoine de Michael Jordan se révèle mission impossible, en raison de son augmentation permanente, il est relativement plus facile de mesurer son importance propre à travers quelques relevés complémentaires.

Pour son sixième titre NBA, contre Utah Jazz, Michael Jordan a battu un record d'audience sur NBC avec 18,7 %, le maximum réussi avec les Chicago Bulls. Le précédent record, 17,9 %, datait de 1993 avec Chicago Bulls-Phoenix.

Selon des études approfondies, Jordan entre « directement » pour 165 millions de dollars dans les recettes-guichets de la NBA et « pèserait », toujours à lui seul, 366 millions de dollars sur les droits télévisés du championnat. Pour information, NBC et Turner Télévision Network ont renouvelé leur contrat avec la NBA, en 1998, pour 2,64 milliards de dollars sur quatre ans. L'absence de Michael Jordan représente un gros handicap pour l'ensemble du basket, aux États-Unis et sur le reste de la planète.

Sources : *Gazzetta Dello Sport, L'Expansion.*

A chaque match,
Jordan avait pris l'habitude
de porter une paire
de baskets neuve.

En 1 109 matches,
Jordan n'a marqué qu'une seule fois
moins de 10 points !

LE GÉNIE, ÇA SE CHIFFRE

par

Pascal Legendre

Rédacteur en chef à *Maxi-Basket*

Mike, davantage que des études en géographie, c'est une maîtrise de mathématiques que tu aurais dû passer à University of North Carolina.

Tu es né pour jongler avec les chiffres. Les gros. Ceux qui amènent aux records. Qu'ils se calculent en points, en trophées, en dollars, en francs ou en euros. Dans un article qui a illuminé ma jeunesse paru dans *L'Équipe Basket Magazine*, Jean-Jacques Maléval, en référence à un film de Vadim avec Brigitte Bardot, avait écrit : « Et Dieu créa Chamberlain. » Il ne pouvait pas savoir, Jean-Jacques, que le Créateur allait façonner, un quart de siècle plus tard, un basketteur encore plus extraordinaire que Wilt Chamberlain, et qui allait lui piquer quelques-uns de ses plus fabuleux records : toi, Mike. Bon, tu n'as jamais mis 100 points dans un match, et tu as une bonne excuse pour ça : le niveau défensif des équipes NBA aujourd'hui – y compris les Clippers ! – est d'une autre trempe que celui du début des années 60.

Tu as fait mieux, beaucoup mieux dans la constance. Tu as gagné 10 fois le titre de top-scoreur en 13 saisons de NBA (7 titres seulement pour Wilt) et UNE seule fois, en 1 109 matches, tu as marqué moins de 10 points (8 à Cleveland en octobre 1986. Tu avais mangé cinquante Quick Burger et bu du Pepsi ce soir-là, ou quoi ?). C'est quand il y avait de l'enjeu que tu étais superman. Tu as marqué 63 points dans un match de playoffs à Boston, en 1986 (tu t'en souviens, c'est le jour où Larry Bird a dit que tu étais Dieu déguisé en Michael Jordan...), et tu as gagné 6 titres de champion avec les Bulls et à chaque fois tu as reçu le trophée de MVP des Finals. Tu m'excuses de passer sous silence quelques babioles, style « c'est le seul joueur à avoir réalisé un triple-double au All Star Game » ou encore « c'est le recordman de contres sur une saison pour un guard ».

On m'a dit de rédiger un billet, pas d'écrire une encyclopédie. Passons à la popularité. Tu as fait 47 fois la couverture de *Sports Illustrated*, le magazine américain de référence mondiale. C'est beaucoup mieux que Mohammed Ali, le deuxième au hit-parade. La terre entière connaît ta manie de tirer la langue, ton diamant à l'oreille, ton crâne rasé (avoue-le, Mike, t'es chauve !), et ton numéro 23. John Lennon a dit un jour que « les Beatles sont plus connus que Jésus-Christ ». Provoc.

Toi, tu pourrais dire : « Je suis plus aimé que les Beatles. » C'est la vérité. C'est grâce à toi que Nike a vendu des millions de pompes à mille balles. Que Gatorade a fait avaler son breuvage orangé à tous les sportifs de la planète. McDonald's, la Warner Bros, la NBA, Chevrolet, des dizaines de multinationales, et aussi les magazines de basket en France – qui ont vendu parfois plusieurs dizaines de milliers d'exemplaires sur ton seul sourire – t'adressent des remerciements éternels. Il paraît que tu gagnes 1 300 000 F par jour ! Oh ! Man... Tu es vraiment un fils de pub.

Lorsque tu as pris ta retraite, même Wall Street a salué ta formidable carrière. C'est que l'économie américaine, particulièrement celle de Chicago, sait parfaitement que tu as beaucoup plus rapporté que tu as coûté. Et, aux États-Unis, on a toujours la reconnaissance du porte-feuille. Dans ton immense parcours, je n'ai trouvé qu'un chiffre misérable. A la demande de Nike, tu es venu à Paris une première fois en août 1985. Tu étais juste un rookie, un débutant, un basketteur parfaitement anonyme en vadrouille en France. Quand tu t'es prêté à une séance de photos au Trocadéro, seuls les touristes américains t'ont salué. Et quand on t'a invité à participer à un match avec des joueurs français, il n'y avait que 300 spectateurs paumés dans les gradins d'un gymnase de la banlieue de Paris, celui de l'ACBB.

Mike, tu ne t'en souviens pas, mais j'étais là. Je fais partie humblement de tes cinq milliards de fans. Derrière mes airs de journaliste blasé, moi aussi « *I wanna be like Mike* ». Et je suis persuadé que l'Air Jordan ne sera jamais révolu.

MAN OR MACHINE
-DUP.H 98-

MICHAEL JORDAN DIGEST

TOUS LES CHIFFRES DE MIKE

Année	M	Min	TR-TT	3Pts TR-TT	LF TR-TT	Reb	Pd	Int	Pts	Moyenne
84-85	82	3144	837-1625	9-52	630-746	534	481	196	2313	28,2
85-86	18	451	150-328	3-18	105-125	64	53	37	408	22,7
86-87	82	3281	1098-2279	12-66	833-972	430	377	236	3041	37,1
87-88	82	3311	1069-1998	7-53	723-860	449	485	259	2868	35
88-89	81	3255	966-1795	27-98	674-793	652	650	234	2633	32,5
89-90	82	3197	1034-1964	92-245	593-699	565	519	227	2753	33,6
90-91	82	3034	990-1837	29-93	571-671	492	453	223	2580	31,5
91-92	80	3102	943-1818	27-100	491-590	511	489	182	2404	30,1
92-93	78	3067	992-2003	81-230	476-569	522	528	221	2541	32,6
93-94	-	-	-	-	-	-	-	-	-	-
94-95	17	668	166-404	16-32	109-136	117	90	30	457	26,9
95-96	82	3090	916-1850	111-260	548-657	543	352	180	2491	30,4
96-97	82	3106	920-1892	111-297	480-576	482	352	140	2431	29,6
97-98	82	3181	881-1893	30-126	565-721	475	283	141	2357	28,7
Total	930	35887	10962-21686	555-1670	6798-8115	5836	5012	2306	29277	31,5
Playoffs	179	7474	2188-4 497	148-446	1463-1766	1152	1022	376	5987	33,4
All Star	11	324	97-193	3-9	37-50	52	49	33	234	21,3

M : matches – Min : minutes – TR-TT : tirs réussis-tirs tentés – 3Pts TR-TT : 3 points réussis-tentés – LF TR-TT : lancers francs réussis-tentés – Reb : rebonds – Pd : passes décisives – Int : interceptions – Pts : points

Olivier Dupin - Illustrateur

« J'ai réalisé le premier dessin de Jordan juste après la finale NBA de 1992. C'était la première fois que je le voyais. Depuis, je fais moi-même du basket et, surtout, il est ma plus grande source d'inspiration. Il est tellement fascinant dans ses attitudes gestuelles, la puissance qu'il dégage. Il m'est arrivé de dessiner pendant des heures, en restant sur la même photo, à l'observer. A un moment donné, j'avais la chair de poule. Avec lui, on ne sait jamais où est la frontière entre l'être humain et la machine à rêve ! »

– Né le 17 février 1963 à Brooklyn (New York).
– 1,98 m ; 90 kg.
– Études : lycée Laney de Wilmington (Caroline du Nord) ; université de North Carolina.
– Sélectionné parmi les 50 meilleurs joueurs de l'histoire de la NIA.
– Troisième meilleur marqueur de l'histoire de la NIA avec 29 227 points.
– 6 fois champion NBA : 1991, 1992, 1993, 1996, 1997, 1998.
– 6 fois MVP des finales.
– 5 fois meilleur joueur de la saison (MVP) : 1988, 1991, 1992, 1996, 1998.
– 10 fois meilleur marqueur de la saison :
1987 (37,1 pts de moyenne) ;
1988 (35 pts) ;
1989 (32,5 pts) ;
1990 (33,6 pts) ;
1991 (31,5 pts) ;
1992 (30,1 pts) ;
1993 (32,6 pts) ;
1996 (30,4 pts) ;
1997 (29,6 pts) ;
1998 (28,7 pts).
– 9 fois élu dans la meilleure équipe de la saison (1987-93, 1996-98).
– Meilleur défenseur NBA 1988.
– 8 fois sélectionné dans la meilleure équipe défensive de la saison (1988-93, 1996, 1997).
– Détient le record NBA de la plus haute moyenne de points en playoffs (33,6 points par match).
– Le 20 mai 1990 contre Boston, il a totalisé le plus grand nombre de points dans un match de playoffs : 63.
– 11 matchs de All Star Game et trois titres de MVP (1988, 1996, 1998).
– 2 titres de champion au Slam Dunk Contest (1987 et 1988).
– Retraite : du 6 octobre 1993 au 18 mars 1995 pour jouer au base-ball.
– Champion NCAA en 1982 avec les Tar Heels de North Carolina.
– Drafté en 1984, numéro 3, par les Chicago Bulls.
– Double champion olympique : Los Angeles en 1984 et à Barcelone en 1992.
– Rookie of the year en 1985 avec les Chicago Bulls.

BULLS 23
art of
OFFICIAL LICENSED PRODUCT
NBA
© 1992 NIKE, INC.
#5228 Mfg. and distributed by O.S.P. Publishing, Inc.

L'ultime envolée du n° 23 des Chicago Bulls : MJ comme l'œil humain ne le voit pas...

JORDAN, SAISON PAR SAISON

1984-1985
– 28,2 pts de moyenne (51,5 % de réussite) ; 6,3 rebonds ; 5,6 passes décisives (saison régulière).
– 29,3 pts de moyenne (43,6 % de réussite) ; 5,9 rebonds ; 8,5 passes décisives (playoffs).
– 17,1 pts de moyenne (54,5 % de réussite) ; 3 rebonds ; 2 passes décisives (JO).
Distinctions : élu Rookie of the Year ; désigné dans le « Second All NBA Team » ; sélectionné dans le cinq du All Star de l'Est ; vainqueur du « IBM Award ». Michael a remporté sa première médaille d'or au jeux Olympiques de Los Angeles.

1985-1986
– 22,7 pts de moyenne (45,7 % de réussite) ; 3,6 rebonds ; 2,9 passes décisives.
– 43,7 pts de moyenne (50,5 % de réussite) ; 6,1 rebonds ; 5,9 passes décisives.
Distinctions : blessé à la cheville le 29 octobre 1985 contre les Clippers, Jordan n'a joué que 18 matches.
• Le 20 avril 1986 à Boston, 63 points pour Jordan, record NBA en playoffs.

1986-1987
– 37,1 pts de moyenne (48,2 % de réussite) ; 5,2 rebonds ; 4,6 passes décisives.
– 35,7 pts de moyenne (41,7 % de réussite) ; 7 rebonds ; 6 passes décisives.
Distinctions : meilleur marqueur de la Ligue, membre du « Cinq NBA » de la saison ; désigné comme le premier joueur de la NBA à collecter plus de 200 interceptions et 100 contres dans une saison ; vainqueur du Slam Dunk Contest à Seattle ; membre du cinq All Star de la Conférence Est.
• Le 26 février 1987, Jordan score 58 points contre les Nets.
• Le 4 mars 1987, Mike marque 61 points à Detroit.
• Le 24 mars 1987, Mike marque 56 points à Miami.
• Le 16 avril 1987, Mike cartonne 61 points contre Atlanta.

1987-1988
– 35 pts de moyenne (53,5 % de réussite) ; 5,5 rebonds ; 5,9 passes décisives.
– 36,3 pts de moyenne (53,1 % de réussite) ; 7,1 rebonds ; 4,7 passes décisives.
Distinctions : MVP de la saison et meilleur défenseur ; meilleur marqueur ; membre du meilleur cinq de la saison ; meilleur intercepteur NBA ; membre du cinq All Star de l'Est ; MVP du All Star Game à Chicago ; vainqueur du Slam Dunk Contest.
• Le 1er mai 1988, 55 points pour Michael contre Cleveland.

1988-1989
– 32,5 pts de moyenne (53,8 % de réussite) ; 8 rebonds ; 8 passes décisives.
– 34,8 pts de moyenne (51 % de réussite) ; 7 rebonds ; 7,6 passes décisives.
Distinctions : meilleur marqueur NBA ; membre du meilleur cinq de la saison ; membre du cinq All Star de l'Est ; vainqueur du « IBM Award » ; record du plus grand nombre de lancers francs réussis en un quart-temps (14), le 15 novembre 1989 contre Utah.

1989-1990
– 33,6 pts de moyenne (52,6 % de réussite) ; 6,9 rebonds ; 6,3 passes décisives.
– 36,7 pts de moyenne (51,4 % de réussite) ; 7,1 rebonds ; 6,8 passes décisives.
Distinctions : meilleur marqueur NBA ; membre du meilleur cinq ; membre du meilleur cinq défensif ; meilleur intercepteur de la Ligue ; membre du cinq All Star de l'Est.
• Le 28 mars 1990 à Cleveland, 69 points pour Jordan.

1990-1991
– 31,5 pts de moyenne (53,9 % de réussite) ; 6 rebonds ; 5,5 passes décisives.
– 31,1 pts de moyenne (52,4 % de réussite) ; 6,4 rebonds ; 8,4 passes décisives.
Distinctions : champion NBA ; élu MVP des Finales ; MVP de la saison ; meilleur marqueur ; membre du meilleur cinq ; membre du meilleur cinq défensif ; membre du cinq All Star de l'Est ; athlète US de l'année.

1991-1992
– 30,1 pts de moyenne (51,9 % de réussite) ; 6,4 rebonds ; 6,1 passes décisives.
– 34,5 pts de moyenne (49,9 % de réussite) ; 6,2 rebonds ; 5,8 passes décisives.
– 14,9 pts de moyenne (45,1 % de réussite) ; 2,4 rebonds ; 4,8 passes décisives (JO).
Distinctions : champion NBA ; élu MVP des Finales ; MVP de la saison ; membre du meilleur cinq ; membre du meilleur cinq défensif ; membre du cinq All Star de l'Est ; record du plus grand nombre de lancers francs réussis en un quart-temps (20). Médaillé d'or aux jeux Olympiques à Barcelone.
• Le 29 avril 1992, 56 points à Miami.
• Le 3 juin 1992, Michael enquille 6 paniers à 3 points en une mi-temps contre Portland, en playoff, record NBA partagé avec Kenny Smith.

1992-1993
– 32,6 pts de moyenne (49,5 % de réussite) ; 6,7 rebonds ; 5,5 passes décisives.
– 35,1 pts de moyenne (47,5 % de réussite) ; 6,7 rebonds ; 6 passes décisives.
Distinctions : champion NBA ; élu MVP des Finales ; meilleur marqueur NBA pour la septième fois consécutive (égalise le record historique de Wilt Chamberlain) ; membre du meilleur cinq défensif ; membre du cinq All Star de l'Est ; devient le 18e joueur de l'Histoire à marquer 20 000 points le 8 janvier 1993.
• Le 23 décembre 1992, 57 points contre Washington.
• Le 16 juin 1993, 55 points contre Phoenix.

1994-1995
– 26,9 pts de moyenne (41,1 % de réussite) ; 6,9 rebonds ; 5,3 passes décisives.
– 31,5 pts de moyenne (48,4 % de réussite) ; 6,5 rebonds ; 4,5 passes décisives.

1995-1996
– 30,4 pts de moyenne (49,5 % de réussite) ; 6,6 rebonds ; 4,3 passes décisives.
– 30,7 pts de moyenne (45,9 % de réussite) ; 4,9 rebonds ; 4,1 passes décisives.
Distinctions : champion NBA ; élu MVP des Finales ; meilleur marqueur de la Ligue avec une moyenne de 30,4 pts ; MVP des finales NBA ; membre du meilleur cinq NBA ; membre du meilleur cinq défensif NBA ; MVP de la saison régulière ; score 53 points contre Detroit le 7 mars 1996.

1996-1997
– 29,6 pts de moyenne (48,6 % de réussite) ; 5,9 rebonds ; 4,3 passes décisives.
– 31,1 pts de moyenne (45,6 % de réussite) ; 7,9 rebonds ; 4,8 passes décisives.
Distinctions : champion NBA ; élu MVP des Finales ; meilleur marqueur NBA (9e titre consécutif) ; membre du meilleur cinq de la Ligue ; membre du meilleur cinq défensif ; élu dans la liste des 50 meilleurs joueurs de l'histoire de la NBA ; vainqueur de l'Open McDonald's à Paris.
• Le 27 avril 1997, 55 points contre Washington.

1997-1998
– 28,7 pts de moyenne (46,5 % de réussite) ; 5,8 rebonds ; 3,5 passes décisives.
– 32,4 pts de moyenne (46,2 % de réussite) ; 5 rebonds ; 3,5 passes décisives.
Distinctions : champion NBA ; meilleur marqueur de la saison ; MVP du All Star Game ; meilleur joueur de la saison ; élu MVP des Finales.

DES CHIFFRES ET DES RECORDS

29 277 – Total de points sur sa carrière. Il est le troisième meilleur marqueur de l'Histoire derrière Kareem Abdul Jabbar (38 387) et Wilt Chamberlain (31 419).

31,5 – La plus grande moyenne de points sur une saison régulière de l'Histoire. 1,4 point de mieux que Wilt Chamberlain, qui est à 30,1.

37,1 – Sa plus haute moyenne de points sur une saison, en 1986-87. La cinquième de l'Histoire.

37 – Le nombre d'occasions où Jordan a marqué 40 points et plus au cours de la saison 1986-87.

833 – Le nombre de lancers francs tentés par Jordan durant la saison 1986-87. Troisième plus haute de l'Histoire derrière Jerry West (840, en 1965-66) et Wilt Chamberlain (835,1961-62).

10 – Nombre de saisons où il a été consacré meilleur marqueur de la Ligue. Chamberlain l'a été à 7 reprises.

33,4 – Sa moyenne de points en playoffs, la plus élevée de tous les temps.

63 – Total de points de Jordan après une double prolongation contre Boston, le 20 mai 1986. Le meilleur scoring de tous les temps en un match de playoffs.

41 – Sa moyenne de points aux NIA Inals 1993 contre Phoenix. Un record.

45 – Total de points dans le succès des Bulls contre les Utah Jazz, le 14 juin 1998. C'est le dernier match officiel de Jordan, les Bulls enlèvent leur sixième titre.

5 – Nombre de fois où il a été MVP de la saison régulière. Il est classé deuxième derrière Kareem Abdul Jabbar.

6 – Record de la NBA, pour le nombre de fois où il a été élu MVP des Finals.

939 – Nombre de parties au cours desquelles Jordan a marqué au minimum 10 points sur toute sa carrière.

1 – Nombre de fois où Jordan a marqué moins de 10 points dans un match. C'était le 22 mars 1986 contre Cleveland. Il s'est contenté de 8 points.

30 – Nombre de fois où Jordan a marqué au minimum 50 points. Deuxième de l'Histoire derrière Chamberlain (118).

135 – Nombre de fois où Jordan a marqué plus de 40 points. Classé derrière Chamberlain (271), le leader.

372 – Nombre de matches où Jordan a dépassé les 30 points.

11 – Nombre de saisons où Jordan a totalisé à chaque fois plus de 2 000 points, un record NBA.

69 – Son plus gros carton sur un match, le 28 mars 1990 contre Cleveland.

35 – Nombre de points obtenus dans une première mi-temps d'une finale NIA. En 1991-92 contre Portland, un record NBA.

« Jordan est l'incarnation du mot **leadership.** *»*
(Pat Riley)

AIR BYE BYE

« Jordan, c'était la magie. »

ALAIN DIGBEU, international français, Villeurbanne.

« Jordan est, pour moi, l'incarnation parfaite d'un Babe Ruth moderne. »

JERRY WEST, vice-président des Los Angeles Lakers.

« La NBA, avant lui, c'était du basket américain. Grâce à lui, c'est un sport (et plus que cela encore, presque un mode de vie) universel qui fait rêver tous les enfants et pas mal d'adultes également... Pour cette fascination que vous avez exercée sur nous tous, monsieur Jordan, sachez que vous peuplerez à jamais nos souvenirs et nos rêves. »

JÉRÔME BUREAU, directeur de la rédaction, *L'Équipe*.

« La NBA, les fans, les joueurs, les coaches, la société américaine, et tous voyons partir le sportif le plus influent de tous les temps. Il est l'incarnation parfaite du mot *leadership*. Il a influencé le monde, la NBA sur tous les plans. »

PAT RILEY, coach des Miami Heat.

« Je me sens responsable en tant que jeune joueur de porter l'héritage et la tradition que Michael Jordan nous laisse. »

KOBE BRYANT, Los Angeles Lakers.

« Jordan est le basket-ball. Jordan est le meilleur exemple pour tous les kids. Dans le jeu, il mettait les deux choses qui le concernaient le plus : la motivation et le talent. »

PAUL PIERCE, Celtics de Boston.

« Quand je jouais contre lui, le soir, en rentrant à la maison, j'enregistrais ses plus beaux gestes pour comprendre comment il pouvait réussir de tels exploits. Son jeu parle pour lui. Avec tout ce qu'il a fait et sa réussite en dehors des parquets, je l'admire. Je veux devenir comme lui. Il a placé la barre bien haut, pour tous. »

ALLEN IVERSON, Philadelphia Sixers.

« C'était un artiste, un leader, un finisseur pour le dernier shoot. Il avait une rentabilité faramineuse. J'aime le sportif qui termine sa carrière sans faire l'année de trop. »

GREG BEUGNOT, coach de Villeurbanne.

« Ça fait du mal à tout le monde de voir le meilleur basketteur de tous les temps arrêter sa carrière. Pourtant il arrive des moments dans la vie où ce genre de décision est inévitable. »

LARRY BIRD, coach des Indiana Pacers.

« Je me souviendrai toujours de Larry Bird disant que c'était un dieu déguisé en basketteur. »

STAN ALBECK, second coach de Jordan aux Bulls.

« Il m'a suffi de le voir à deux entraînements pour comprendre que ce Jordan avait quelque chose de fabuleux. Son talent était incroyable. Rien ne pouvait l'arrêter, rien ne lui paraissait impossible, tellement il avait la rage de gagner. »

KEVIN LOUGHERY, premier coach de Jordan à Chicago.

« J'adore chaque minute que Jordan a passée sur le terrain. Je ne peux pas dire que sa retraite me chagrine. J'en avais ras le bol de le voir battre les Pacers. »

DONNIE WALSH, président des Indiana Pacers.

« Je peux vous garantir que les fans des autres franchises ne vont pas se lamenter. Michael a tellement fait pleurer de gens, en gagnant des matches dans les dernières minutes, qu'ils seront nombreux à être enfin soulagés. »

JOHN GABRIEL, general manager des Orlando Magic.

« Ses acrobaties, ses paniers incroyables vont me manquer, je vous l'assure. Je pourrai dire à mes petits-enfants que j'ai joué contre Michael Jordan. »

SHAQUILLE O'NEAL, Los Angeles Lakers.

« Je n'habite pas sur la même planète que Michael Jordan... Il est tellement exceptionnel. »

ZINEDINE ZIDANE, Ballon d'or *France Football* 1998, Juventus de Turin.

« Il était beau, pur, intelligent... Je l'ai vu jouer, et franchement ça ne se commente pas. »

JEAN-PIERRE DE VICENZI, coach de l'équipe de France.

« En 1984, quand il a été élu meilleur joueur universitaire, il est rentré et m'a conseillé d'acheter des actions Nike car ils allaient sortir une chaussure en son nom. Je ne l'ai pas cru. C'est la dernière fois de ma vie que j'ai douté de lui. »

BUZZ PETERSON, coéquipier de Jordan à North Carolina.

« Il part au moment où le basket a plus que jamais besoin de lui. Après le lock-out, c'est terrible. »

EDDIE JONES, Los Angeles Lakers.

« Je ressens une certaine tristesse. Il va me manquer. En tant que basketteur, j'admirais Jordan plus que les autres. Je regrette le voyage que j'ai annulé à Atlanta pour voir Chicago devant 60 000 spectateurs. Mais je l'ai vu lors du dernier match aux Finals 1997 contre Utah. Jordan, c'était quelque chose d'inexplicable. De la magie, même si c'était un homme comme nous. »

ALAIN DIGBEU, international français, Villeurbanne.

« Va-t-il me manquer ? Honnêtement, non. J'ai bossé toutes ces années pour être dans une équipe qui pouvait le battre, lui ravir le titre, et je n'ai pas réussi. Alors, il ne va pas me manquer. »

ALONZO MOURNING, Miami Heat.

« Je suis très heureux de voir qu'un sportif de sa trempe sait à quel moment prendre sa retraite, quand il est au top. Une dernière fois, il montre l'exemple à tout le monde. »

BOBBY KNIGHT, coach université d'Indiana
et de Michael dans la sélection olympique, 1984.